INGRID BERGMAN

DU MÊME AUTEUR

Lieutenante, Paris, Denoël, « Impact », 2009.

MARINE BARON

INGRID
BERGMAN

LE FEU SOUS LA GLACE

PARIS
LES BELLES LETTRES
2015

www.lesbelleslettres.com
Retrouvez Les Belles Lettres sur Facebook et Twitter.

© 2015, Société d'édition Les Belles Lettres,
95, bd Raspail, 75006 Paris.

ISBN : 978-2-251-44532-8

À Hélène.

I

Ce n'est pas encore la fin des vacances. L'eau est brillante. On s'assied aux terrasses, on marche lentement sous les tilleuls. L'odeur est fraîche, les rues sont vastes. Rares sont les pays où le vent souffle comme une lame de fond froide et se marie si bien avec la chaleur pleine qui descend du soleil, où l'air sent la forêt et la mer, où le ciel peut avoir cette couleur si vive en plein jour, un bleu roi presque opaque.

De toutes parts, les enfants affluent vers le quai. C'est l'un de ces lieux que l'on recherche, où l'on se presse pour le plaisir.

La ville est calme, mais ses habitants, s'ils paraissent toujours d'humeur égale et ne sont pas familiers des éclats de voix, aiment sortir, s'apprêter, s'attarder dans les promenades en famille ou entre amis.

En ces temps troublés, l'heure est à l'insouciance. Il fait bon vivre ici au regard du reste du monde, et surtout depuis quelque temps.

En 1915, alors que la majeure partie des pays d'Europe vient de s'embourber dans une guerre sinistre pour de longues années, la Suède, elle, a réaffirmé sa neutralité un an plus tôt.

Ici, peu de choses ont changé. Le tourisme se fait plus rare et les exportations de bois des innombrables forêts de conifères sont un peu ralenties mais les Suédois, largement épargnés par le conflit, peuvent couler des jours paisibles.

À Stockholm, c'est l'un des derniers vrais jours de l'été. Le temps semble passer plus vite, la nuit tombe d'un coup et, en septembre, l'hiver sera déjà là.

Ce 29 août, il fait déjà un peu plus frais mais la douceur subsiste. Parfois même, lorsqu'il n'y a aucun nuage, le soleil chauffe la tête à tel point qu'il faut une ombrelle pour conserver un peu de fraîcheur sur le front. Les passants sont joyeux et profitent de ces précieux instants, beaucoup d'entre eux ont les cheveux de cette teinte si particulière ici, ce blond-blanc glacé aux reflets de paille. L'eau claire du port murmure, l'air de la mer n'est qu'un souffle régulier. Les étais teintent doucement sur les mâts. Les immeubles bourgeois aux toitures pointues et aux murs en pierre de taille crème se dressent, imposants, face au luxueux port de plaisance.

L'un des plus beaux immeubles de la ville est surmonté d'un toit pointu vert-de-gris, richement décoré, encadrant une petite fenêtre qui attire le regard. Voici peut-être l'adresse la plus convoitée de Stockholm. Au sixième étage du 3, Strandvägen, *la route de la plage*, une avenue prestigieuse de la capitale longue d'un kilomètre située dans le quartier central d'Östermalm, une jeune femme se recroqueville et serre son ventre.

Elle est enceinte et vient de reconnaître une douleur si forte que son corps même avait décidé de l'oublier : celle des premiers signes annonciateurs de l'accouchement.

Frieda Bergman, âgée de trente ans, laisse difficilement transparaître ses émotions. Elle ne tremble pas, ses yeux restent secs dans les moments les plus pénibles. Depuis des mois, elle ressent pourtant une peur muette et profonde. Elle attend désespérément de mettre au monde un nourrisson en bonne santé, après deux grossesses accablantes au terme desquelles aucun n'a survécu plus d'une semaine.

Son mari, Justus Samuel Bergman, âgé de quarante-quatre ans, se tient dans la pièce voisine. Il est tenaillé par un sentiment d'impuissance insupportable. Plus expansif que sa femme, il s'est montré très affecté par la perte de ses enfants. Le malheur l'a usé. À présent, il dit ne pas savoir s'il pourra se remettre d'un autre deuil. L'heureux événement qui s'annonce peut à nouveau tourner au drame et à ce gâchis horrible dont le souvenir est encore tenace, chaque jour.

Les minutes s'écoulent beaucoup trop lentement. Il est onze heures et quart lorsqu'une sage-femme pénètre dans la pièce où Justus attend, fébrile, sans pouvoir contenir son inquiétude.

C'est un soupir immense qui le délivre aussitôt qu'il entend la nouvelle. La mère et l'enfant, une petite fille, sont en parfaite santé.

Il fait répéter les mots, les apprécie enfin. Il ne ressent plus qu'un plaisir franc et fort. Il court voir sa femme et sa fille.

Après le souci des premiers mois, le jeune couple goûte enfin à la joie d'être parents. Très vite, le souvenir des drames précédents sera remplacé par le bonheur de voir évoluer l'enfant déjà souriante qui, en quelques semaines d'une présence vivace et bruyante, semble avoir tout réparé.

Justus et Frieda l'appelleront Ingrid, un prénom assez courant en Suède, d'autant plus populaire qu'il est celui de la jeune princesse royale, fille du futur roi Gustav VI, alors âgée de cinq ans.

Mis à part le prénom de leur enfant, pourtant, rien n'a été très commun, jusqu'à présent, dans la vie des Bergman. À commencer par leur rencontre.

Frieda Bergman, née Adler, une grande fille brune, est allemande. Elle est née à Kiel, une ville du nord de l'Allemagne, proche de Hambourg, en bordure de la mer Baltique. Elle vient d'une famille de la bourgeoisie aisée qui s'est attachée à lui donner une éducation stricte. Depuis son enfance, son avenir ne lui paraît pas triste, mais contraignant et sans ambition. Elle est née fille, sa vie se résume à attendre et à rêver, son salut viendra de celui qui viendra à elle. Et tous les efforts de ses parents tendent à un même objectif : lui trouver un homme riche et respectable.

Justus Bergman vient d'une famille d'artistes où l'on peut vivre passionnément et s'affranchir des convenances. Son père, Johan Petter Bergman, était un organiste réputé. Justus, treizième d'une fratrie de quatorze enfants, a quitté son foyer à quinze ans. Il a pris des cours de musique et de peinture, disciplines pour lesquelles il s'est montré doué. Il a vécu quelques mois de son art, mais s'est vite trouvé désargenté.

Par chance, il est curieux de tout, il n'a pas peur de grand-chose et il étouffe lorsqu'il reste deux mois de suite au même endroit. Sans le sou, il a beaucoup voyagé pour tenter sa chance, notamment aux États-Unis où il a été un temps décorateur dans un groupe hôtelier de Chicago. Puis il est revenu à Stockholm où il s'est installé comme marchand de tableaux. Lui-même peint encore, mais son espoir d'être reconnu s'estompe à mesure qu'il avance en âge. Aucun autre vrai bonheur ne vient le consoler. Il ne s'attache à rien. Il n'aime personne en particulier, aussi vrai qu'il n'aime pas celui qu'il est devenu. Il n'est pas marié.

Au printemps 1900, il rencontre la jeune Frieda Adler, alors en vacances en Suède avec ses parents, dans un parc de la capitale. C'est ce que découvrira Ingrid des années plus tard, en retrouvant des lettres conservées chez sa tante. *Ils s'étaient connus en Suède où ma mère, venue de Hambourg, avait passé l'été. Chaque jour elle faisait la même promenade à travers les bois, et chaque jour elle voyait mon père occupé à peindre. C'est de ces rencontres quotidiennes qu'est né leur amour*[1].

Justus n'a pas de mots pour le dire mais il est charmé par la jeune fille. Est-ce simplement parce qu'elle est belle ou parce qu'elle lui rappelle quelqu'un ? Est-ce parce qu'il sent en lui le besoin soudain de grandir, d'échanger brutalement son ennui parfait contre un grand amour ? Il ne peut toujours pas se l'expliquer, il est simplement subjugué, il ne sort pas de cette évidence.

Elle a seize ans, il en a vingt-neuf.

Justus est lui-même d'une beauté remarquable. Son corps est mince et vif. Très élégant, il a des traits incroyablement fins, un joli nez pointu, des yeux bleus translucides, intelligents, et un air désinvolte qui charme bien des femmes autour de lui.

Frieda, pourtant très jeune, a quelque chose de grave et de mystérieux. Elle est calme et réfléchie. De prime abord, elle s'impose par la franche solidité de son corps. Elle a la fraîcheur et la santé de l'extrême jeunesse. Ses traits sont doux, équilibrés. Son front large et puissant, son nez droit, retroussé, un peu fort, en font une beauté peu commune. Ses yeux, surtout, sombres et intenses, interpellent.

Elle ne ressemble pas aux femmes de son époque, ni surtout à celles que Justus a déjà fait poser dans son atelier. Elle est avant tout singulière, on ne parvient pas vraiment à lui donner d'âge. Par ailleurs, elle est étrangère, elle semble chercher sa place dans ce lieu qu'elle ne connaît pas, et Justus, où qu'il soit, n'a jamais tout à fait trouvé la sienne.

Il obtient la permission de la revoir, puis de correspondre avec elle. Très vite, il l'aime. Ou plutôt, alors qu'il approche de la trentaine et a déjà connu un certain nombre de femmes,

---

1. Ingrid BERGMAN, Alan BURGESS, *My Story*, New York, Delacorte Press, [1980], *Ma vie*, traduit de l'anglais par Éric Diacon, Paris, Fayard, 1980, p. 29.

il sent qu'il pourrait l'aimer et s'en faire aimer longtemps. Son besoin d'elle est immédiat et entier.

Il veut l'épouser. Jamais il n'a éprouvé une telle certitude. Il parle l'allemand et lui apprend le suédois. Il lui écrit des lettres exaltées, fortes, sans crainte ni hésitation, car il se sent rassuré par la douceur, la simplicité de cette jeune femme à la fois sobre et déterminée qui ne ressemble décidément à personne.

Tout en elle le séduit, il ne se lasse pas de l'imaginer, dessine son visage qu'il connaît déjà par cœur sur tous les supports qui se trouvent à sa portée. Séparé d'elle, il est rongé par son absence et se sent inutile, s'accrochant à son souvenir avec une constance qu'il ne se connaissait pas. Il s'est trop longtemps déçu lui-même. Frieda lui donne pour la première fois l'espoir de devenir meilleur.

Après des mois de correspondance, il se rend à Kiel, en Allemagne, dans la famille de la jeune femme. Il demande sa main. On la lui refuse.

Les sœurs aînées de Frieda ont été bien mariées. Lui est un artiste confidentiel dont la situation est instable. Il inspire la méfiance, sinon le mépris. On ne brade pas sa fille dans un monde où la valeur d'une femme se résume à celle de la condition de son mari. Il est prié de ne pas insister.

Mais Justus ne renonce pas. Sa détermination est assez extraordinaire pour être soulignée. Malheureux, piqué dans son amour-propre, il change délibérément d'attitude. Du jour au lendemain, il renonce à vivoter, entreprend de gagner de l'argent, d'abord comme simple employé dans un magasin, puis comme patron, quitte à aller contre sa nature et ses rêves. Il se consacre à présent à la photographie, devient un très bon commerçant.

Les affaires marchent convenablement, puis de mieux en mieux. À mesure que le temps passe, Justus finit par obtenir une situation tout à fait enviable et, au bout de sept ans de travail, soit le temps que Jacob accepte de travailler pour épouser Rachel, la famille Adler considère qu'il est digne d'épouser Frieda et donne aux deux jeunes gens sa bénédiction. Contre toute attente, l'union de ces deux êtres apparemment mal assortis semble être une source de bonheur. De ses parents, leur future fille écrira, plus de soixante années plus tard : *Mon père était très libre, c'était un véritable artiste. Quant à ma mère, elle était bourgeoise de la tête aux pieds. Ils se sont pourtant très bien entendus*[2].

Néanmoins, les premières années de mariage du couple, entachées par la mort des deux premiers enfants, marquent une nouvelle série d'épreuves, d'attentes impatientes et de déceptions.

Aussi le bonheur d'avoir Ingrid, renaissance de ces vies perdues, n'en est-il que plus fort. L'histoire ne dit pas si la fillette vient ou non après des garçons, à une époque où la tradition patriarcale et l'honneur d'une famille reposent presque exclusivement sur les mâles. Mais les circonstances de sa naissance, l'âge relativement avancé de son père, le désir si longtemps mûri de ses parents font qu'Ingrid est investie d'un espoir et d'un amour qui n'ont rien à envier à ceux que peut nourrir un fils. Contrairement aux autres enfants, elle a survécu, elle s'est montrée plus forte, sa vie a réussi là où d'autres ont échoué. Quelque part, elle le sait, elle le sent. Elle vivra avec la conviction d'être non pas la simple moitié passive d'un homme mais un être complexe, complet, entier. Et cette force, sans doute, sera la plus grande chance de sa vie.

Lorsqu'Ingrid voit le jour, Justus, ayant compris la vague d'engouement pour l'image qui s'empare du début du siècle, est à la tête d'un magasin de photographie très réputé sur Strandvägen. Il vend à une riche clientèle des appareils photo et même des

---

2. Isabella ROSSELLINI, Lothar SCHIRMER, *Ingrid Bergman*, Arles, Actes Sud, 2013, p. 37.

caméras, produits rares et de grand luxe. Très en avance sur ses contemporains, il en possède plusieurs lui-même.

Justus adore ces appareils, il en maîtrise parfaitement le fonctionnement. Il filme ou fixe son entourage de manière systématique, ce qui est alors singulier. Il a le don du cadrage. Il aime cet art nouveau qui lui offre la possibilité de prendre du recul. Il peut ainsi mettre en scène un quotidien heureux mais qui contredit en partie ses rêves, ce qui lui permet d'exprimer malgré tout sa créativité.

Il fait d'abord poser Frieda, puis Ingrid, qui devient sans doute, à cette époque, *l'enfant le plus photographié de Suède*[3].

Justus ne manque pas d'immortaliser les premiers pas de sa fille. Il réalise un film alors qu'Ingrid est âgée d'un an et demi. Elle se tient debout sur une allée de cailloux clairs, visage rond et gai, cheveux bouclés, dans une petite robe de coton blanc, poussant fièrement une brouette miniature. Justus se met lui-même en scène à ses côtés, marchant dans l'allée, s'accroupissant pour recevoir un baiser de l'enfant, puis se relevant pour continuer sa route, avant de disparaître du champ de la caméra. Il capture ce bonheur tant attendu, sa fierté paternelle. La fillette est vive, lumineuse, Frieda elle-même semble comblée. Et son mari ne cesse de capturer ses traits en signe d'un amour qu'il aime ainsi démontrer.

Ingrid Bergman est, très jeune, une actrice qui a pour premier metteur en scène un père qui l'aime. Elle connaît déjà les coulisses des films. La caméra ne l'effraiera jamais. Son visage prend la lumière pour répondre à l'appel paternel. Elle pose, vit parmi les tableaux, les photographies. Les portraits de sa mère qui

3. Donald Spoto, *Notorious : The Life of Ingrid Bergman*, New York, HarperCollins, [1997], *Ingrid Bergman*, traduit par Jean-Charles Provost, Paris, Presses de la Cité, 1997, p. 23.

encombrent les pièces sont les témoins du bonheur que partagent ses parents.

Chez les Bergman, la vie passe naturellement par l'image. C'est une matière que l'on peut arranger, recadrer, modeler pour en faire un objet d'art, comme pour oublier qu'on ne peut pas toujours en maîtriser le cours ni la durée.

Alors que s'ouvre l'année 1918, Frieda, dont la santé s'est étrangement détériorée ces dernières semaines, doit rester alitée. On se dit que les repas lourds des fêtes de fin d'année lui valent quelque indigestion. On pense que le mal passera vite avec du repos. On se trompe. Bientôt, elle souffre si fort qu'elle perd connaissance durant une journée entière. Elle maigrit affreusement, elle ne voit plus Ingrid de peur de l'effrayer. En l'espace d'une semaine, les médecins ont perdu tout espoir.

Elle meurt douloureusement de ce qui, probablement, est un cancer de l'estomac.

Elle n'a que trente-trois ans et laisse seuls son mari et sa fille. D'elle, il ne leur reste à présent que les innombrables effigies qui hantent la maison.

Justus Bergman est effondré. Il parvient très mal à se remettre de la disparition de cette femme bien plus jeune que lui qui, selon toute vraisemblance, aurait dû lui survivre. Ou plutôt, il ne l'accepte pas. Il pense plusieurs fois la voir dans la rue. Il s'égare dans ses pensées, l'imagine en témoin de sa vie, s'enferme dans son souvenir, s'attarde devant l'un de ses portraits ovales avec lequel il pose en compagnie d'Ingrid. Il réalise ainsi une photographie insolite, ovale elle aussi, où le père, la fille et la mère disparue s'enferment, figés dans une pose énigmatique par laquelle ils appartiennent au même monde éternel des images.

Justus réalise également un film étrange où Ingrid, habit noir et bouquet blanc, va fleurir la tombe de sa mère. L'image de la pellicule n'est pas bonne mais on peut y voir l'enfant, menée par des adultes en deuil, marcher maladroitement jusqu'à la pierre tombale et y déposer le bouquet blanc à la hâte. Si jeune, vraisemblablement peu consciente de la situation, elle apparaît comme un petit animal perdu dans un tableau trop grave. À trois ans à peine, Ingrid semble porter le poids d'une mère qui l'envahit par son absence et la douleur d'un père qui survit grâce à sa fantaisie, sa façon de faire encore et toujours passer son affliction par la distance de la caméra.

Les mois, les années passent. Justus se console difficilement, mais sa peine n'est plus la même. Le temps lui apprend à vivre seul avec sa fille.

Ingrid devient peu à peu, pour ses films et ses photographies, un sujet à elle seule. Justus sait mettre de côté son chagrin pour apprécier à sa juste valeur la chance qu'il a d'avoir cette enfant. Il ne l'aime pas, il l'adore. Elle le fait vivre, il ne sait pas être sévère.

Il se montre avec elle d'une libéralité extrême, ne comptant jamais l'argent de poche qu'il lui donne. Et cette prodigalité sera sans doute pour Ingrid une référence durable, elle qui supportera difficilement la pingrerie d'un homme et en appréciera toujours la générosité.

Ce père aime par-dessus tout rire avec sa fille. Il la déguise et la fait poser, malicieuse, affublée d'une paire de lunettes rondes, d'un chapeau d'homme et d'un blazer, tenant entre ses mains un exemplaire de l'*Aftonbladet*, le journal du soir suédois. *Il me fournissait des chapeaux, une pipe, tout ce qui lui passait par la tête. Passionné de photo, il adorait me prendre dans ces accoutrements*[4].

Sur une autre photographie, Ingrid fait mine de se pâmer dans une lourde robe sombre, les bras en croix, les yeux fermés, la tête renversée en arrière comme une diva passionnée. Elle aime

4. Ingrid BERGMAN, Alan BURGESS, *Ma vie*, p. 27.

voir son père s'égayer lorsqu'elle interprète des personnages, elle se sent cajolée.

Garçon, vieillard, femme excentrique, le père et la fille créent ceux qui manquent à leur bonheur : un grand frère, une mère, ou tout simplement des amis à l'image de leur fantaisie. Tous les deux s'amusent à jouer la comédie, à imiter des personnages et à se déguiser. Ingrid apprend à chanter, Justus l'accompagne au piano. Il se préoccupe beaucoup de son éducation musicale.

Il n'est pas évident, dans les années vingt, même dans un pays où les femmes sont un peu plus émancipées qu'en France et où elles ont obtenu le droit de vote onze ans plus tôt, qu'un père projette quelque ambition de carrière sur une fillette. Mais ce père-là n'a jamais été à l'image des autres. En outre, il est veuf, et n'a qu'un enfant. Il est aussi profondément contrarié par une activité professionnelle dans laquelle il ne se réalise pas, et Ingrid, dont la force et la créativité percent déjà, est son seul patrimoine vivant.

À l'heure où bon nombre de parents poussent leurs enfants, leurs fils, en l'occurrence, à devenir médecin ou avocat, Justus Bergman, lui, pousse sa fille à devenir artiste. Comme son grand-père, pense-t-il, elle sera musicienne. Elle est déjà incroyablement belle, inventive, son oreille est excellente, sa voix est claire et sa présence lumineuse attire les regards. Elle sera chanteuse d'opéra, c'est en tout cas le vœu le plus cher de son père.

Néanmoins Justus Bergman n'est pas l'unique adulte à porter attention à Ingrid. Désormais, le père et la fille ne vivent plus seuls. Depuis quelques années, Ellen, la tante d'Ingrid, s'est installée chez eux.

Ellen est la sœur de Justus. Elle est une présence rassurante pour lui et se rassure elle-même en se rendant utile. Elle exécute toutes les tâches ménagères et se tue au travail pour faciliter la vie de sa famille. C'est à elle seule et malgré elle une caricature, un personnage de roman, de pièce ou de film. Une vieille fille pieuse qui a un sens aigu du sacrifice et de la responsabilité. Austère et peu coquette, elle passe sa vie à veiller sur l'enfant, sans économiser ni son temps, ni ses forces pourtant fragiles. Le reste de ses journées, elle se rend à l'église pour prier. *Tante Ellen était petite et boulotte, elle avait le cœur faible et ne sortait que rarement. Elle était on ne peut plus gentille, prévenante, scrupuleuse*[5]... Elle a beau s'offusquer des comédies costumées que jouent entre eux Justus et Ingrid, elle aime sincèrement son frère et sa nièce, demeure avec plaisir à leurs côtés.

Elle y reste jusqu'à l'arrivée d'une jeune femme, Greta Danielsson, une aide ménagère venue travailler comme gouvernante chez les Bergman, et qui devient très vite la maîtresse de Justus. Nous sommes en 1922. Il a cinquante et un ans. Elle en a dix-huit. Ils ne se marient pas et la liaison est un scandale dans la famille, puis dans tout le quartier.

Ellen est sans doute la plus scandalisée, elle ne sait pas, d'abord, si elle doit partir ou rester. Elle s'inquiète de l'influence négative de cette situation sur la future moralité de sa nièce. Elle cherche à attirer Ingrid vers l'Église, la culture de la contrition et du repentir. Mais, si Ellen est un modèle de vertu, elle aura peu d'influence sur la fillette qui, elle, adore sa nouvelle gouvernante. *Je l'aimais beaucoup. Elle était très belle... Lorsque mes oncles et tantes disaient du mal d'elle en ma présence, j'essayais de la défendre*[6].

Justus, quant à lui, s'accommode du scandale. Trop occupé à ses activités de commerçant et d'artiste, il le noie dans le travail, enjambe ses tracas d'une pirouette littéraire, d'une photographie, d'un air d'opéra ou d'une peinture. Son monde à lui est

---

5. *Ibid.*, p. 31.
6. *Ibid.*, p. 35.

à part, il se considère au-delà des réalités pénibles et des ragots du commun des mortels. Il s'enferme dans sa singularité, poursuivant sa liaison avec Greta, radieuse, fraîche, d'un caractère joyeux et espiègle.

Greta s'attache aussi à Ingrid. Elle devient pour l'enfant une figure féminine très présente, plus jeune, plus gaie, plus attrayante qu'Ellen. C'est elle qui emmène la petite fille au cinéma voir l'*Épreuve du feu* de Victor Sjöström, histoire dans laquelle une femme entend des voix célestes avant de mourir sur le bûcher, et qui est largement inspirée de la vie de Jeanne d'Arc.

Ingrid conserve de ce film un souvenir immuable. Durant des semaines, elle pose des questions sur l'histoire de Jeanne, qui deviendra son héroïne préférée, un personnage idéal dont elle collectionnera bientôt les icônes et les statuettes.

Ingrid grandit. Les sorties et les jeux font bientôt place aux activités obligatoires. Le 1er septembre 1922, elle a sept ans lorsqu'elle entre au lycée de jeunes filles du 13, Kommendörsgatan. Elle y restera jusqu'en 1933.

Le lycée n'est pour elle ni une corvée, ni un plaisir. Elle s'intéresse modérément aux cours, obtient de bons résultats sans trop travailler, affiche un caractère affreusement timide devant ses professeurs mais se fait peu à peu une réputation de boute-en-train devant les autres élèves, surtout lorsqu'il s'agit de se livrer à des imitations ou de faire tout simplement le clown.

Elle devient populaire et impressionne ses camarades en jouant la comédie, récitant des poèmes avec un grand lyrisme. Elle ne fait que poursuivre à l'école les jeux auxquels elle s'amuse avec son père. Elle l'aime profondément et il est toujours pour elle un exemple qu'aucune critique ne pourrait flétrir.

Il n'est pourtant pas toujours présent à la maison.

Alors qu'Ingrid n'a que neuf ans, Justus prend la direction d'une chorale qui part en tournée outre-Atlantique et s'embarque pour les États-Unis. Ingrid s'installe pour un temps dans le quartier de la vieille ville de Stockholm, chez son oncle Otto, sa tante Hulda et leurs cinq enfants.

La fillette, angoissée par l'absence de son père, sait se montrer aimable avec sa famille et donne aisément le change. Pour se rassurer, oublier sa solitude, elle invente des personnages et de courtes pièces qu'elle joue lors des réunions de famille. Ses cousins n'hésitent pas à se moquer d'elle, raillant parfois sa maladresse et son allure balourde.

Il est vrai qu'Ingrid ne maîtrise pas parfaitement son corps. Elle est déjà très grande, elle qui mesurera plus tard 1,75 mètre, alors que la taille moyenne des femmes de son époque est en dessous de 1,60 mètre.

Cependant, malgré son embarras et sa timidité, elle ne se décourage pas, trouve tous les moyens possibles pour jouer des sketches, ce qui, dans ce foyer plus bourgeois et austère, n'est pas toujours du goût des adultes.

Son oncle Otto, surtout, qui est très pieux, se méfie du théâtre et y voit l'œuvre du mal. Dans cette vieille Europe chrétienne, bon nombre de comédiens n'ont toujours pas droit à une sépulture, ils incarnent encore quelque chose de l'ordre de la duplicité, de la tromperie, voire le Diable en personne.

Il est inutile de préciser que, chez Otto et Hulda, on n'encourage pas la fillette dans la voie du divertissement. Seule sa tante Ellen, peut-être, voit dans ce talent pour la comédie un atout déterminant pour convaincre, nourrissant l'ambition de voir sa nièce devenir une religieuse missionnaire. Un rêve que cette dernière ne partage pas du tout. Celle-ci persiste dans ses prestations dramaturgiques de plus en plus remarquées.

En 1925, alors qu'elle atteint l'âge de dix ans, elle remporte un concours de récitation. Fin août, Justus rentre des États-Unis et rapporte des cadeaux à sa fille, dont une orange séchée de

Californie. Il a beaucoup d'anecdotes à raconter, il est enchanté de son voyage. Ingrid se prend à rêver de l'Amérique.

Justus, qui continue de s'occuper de sa chorale et ne se départ pas de son intérêt pour la musique, offre à Ingrid des cours particuliers de chant et l'emmène à l'opéra. Il espère toujours que sa fille sera cantatrice.

Mais c'est à l'automne 1926 qu'il comprend que son espoir a peu de chances de se réaliser. Ce soir-là, il a emmené Ingrid au Théâtre royal.

Elle a onze ans, et c'est une révélation.

La pièce à laquelle Justus et Ingrid assistent ce soir-là est *Patrasket* de Hjalmar Bergman. Elle sera la première d'une longue série. La pièce elle-même, une comédie bourgeoise sans caractère, n'a pas grand intérêt. Ce que remarque Ingrid, ce sont les acteurs.

En pleine représentation, la fillette pousse un cri. Surexcitée, elle s'exclame qu'elle sera actrice. C'est ce qu'elle a toujours fait, dit-elle. Elle avait pensé jusque-là qu'il s'agissait d'un plaisir passionnant, non d'un possible métier. *Voilà que, sur cette scène, il y avait des adultes qui faisaient ce que je faisais moi-même à la maison juste pour le plaisir ! Et pour ça, on les payait*[7] *!*

Heureuse d'avoir trouvé sa vocation, Ingrid le fait savoir. Tous les jours, elle répète à qui veut l'entendre qu'elle sait ce qu'elle fera de sa vie. C'est décidé, rien ne pourra plus contenir son ambition. Son père, comprenant l'intérêt réel de sa fille pour le théâtre, l'emmène voir d'autres pièces et finit par se faire à cette idée. Ingrid, qui a réussi à mettre un nom sur sa passion, est parfaitement heureuse. Elle ressent un sentiment de plénitude et de sécurité, du moins jusqu'à la fin de l'année 1928.

---

7. *Ibid.*, p. 34.

C'est au tout début du mois de janvier 1929 que Justus Bergman est pris à son tour d'une forte fièvre. Les médecins lui diagnostiquent immédiatement un cancer. Sa sœur Ellen, malade elle aussi, ne peut s'occuper de le soigner.

Sa jeune maîtresse Greta, qui s'était éloignée de lui, revient à son chevet. Elle l'accompagne en Bavière lorsqu'il va consulter un spécialiste.

Ingrid se souvient de son retour. *Et puis il est rentré, affreusement maigre. Mais un enfant ne peut jamais croire vraiment que son père va mourir*[8]. Et l'état du malade se dégrade. Il ne peut plus du tout s'alimenter. La nuit, Ingrid lui tient la main. Rien n'est pire, alors, que de le voir gémir et souffrir sans parvenir le moins du monde à le soulager. La maladie traîne et empire chaque mois. Dans la nuit du 28 au 29 juillet, au cœur d'un été étouffant, Justus meurt, âgé de cinquante-huit ans. Ingrid n'en a pas quatorze. Elle est abattue mais aussi effrayée. Elle ignore à présent ce que sera sa vie.

Elle est triste à en mourir, semble éteinte. Elle est doublement orpheline. Cependant sa situation matérielle n'est pas désespérée. Ayant travaillé de nombreuses années en acquérant des revenus opulents, Justus a laissé à sa fille un héritage de près d'un demi-million de couronnes. Un quart de ce montant, garanti en actions de la firme dont il a été directeur général, est placé en fidéicommis pour Ingrid.

Elle part vivre dans le triste appartement d'Ellen. Mais celle-ci meurt à son tour l'année suivante, au terme d'une longue agonie qui se termine dans les bras mêmes de sa nièce. Ingrid, qui adorait sa tante, est assommée de chagrin. *Venant si vite après la mort de mon père, c'était vraiment terrible – un choc dont il m'a fallu très longtemps, je crois, pour me remettre tout à fait*[9].

---

8. *Ibid.*, p. 35.
9. *Ibid.*, p. 37.

Tous ces morts ont dévasté l'adolescente de quatorze ans sur qui le sort semble s'acharner malgré ses prières, elle qui ne parviendra jamais à prendre goût aux églises ou à faire preuve de gratitude à l'égard de ce que les croyants appellent les bontés de Dieu.

Une fois encore, il faut partir. Ellen a emporté avec elle une grande part des souvenirs d'enfance d'Ingrid et de ce bonheur construit avec Justus malgré la mort de Frieda. Si Ingrid confessera plus tard n'avoir gardé aucun souvenir de sa mère, elle s'était attachée envers et contre tout à cette tante dont la pudeur et l'austérité cachaient un amour tendre. Ingrid déménage et s'en va vivre à nouveau chez son oncle Otto, sa tante Hulda et leurs cinq enfants. Pendant un temps qui lui semble assez long, elle se demande si elle pourra continuer à vivre sans sa tante, mais surtout sans ce père qui lui a tout appris, qui la dirigeait au piano, devant un objectif, et qu'elle souhaitait ne jamais décevoir.

Chez Otto et Hulda, au deuxième étage du 43, Artillerigatan, où la mer n'est plus en vue mais où les arbres s'alignent et les rayons du soleil filtrent, Ingrid a sa propre chambre, une pièce vaste, lumineuse, où il fait bon vivre, même avec sa solitude. En raison de la pension copieuse que l'avoué de Justus a donnée à Otto, elle jouit dans sa famille d'un traitement de choix et aussi d'une certaine indépendance.

Alors que les années passent, elle se remet à jouer la comédie. Les douleurs ne s'effacent pas mais se gardent quelque part. Il faut prendre sa revanche sur elles, leur donner un sens, du moins sortir de leur absurdité paralysante. La jeune fille est seule avec ses souvenirs et ses rêves. Mais elle sait bien, au fond, que l'accomplissement des rêves ne tombe pas du ciel et qu'il faut en faire des ambitions.

Justus a su être pour elle un exemple de ténacité. Il l'a aussi initiée, à travers l'éducation qu'il lui a donnée mais également à travers sa propre vie, aux souffrances, aux bonheurs, à une existence mouvementée faite de voyages et dédiée à l'art. Il a lui-même connu l'amour, puis un scandale qu'il a su ignorer grâce à l'écart qu'il a délibérément instauré entre lui et les autres. Il a fait aimer à sa fille les images, la musique, l'Europe, l'Amérique, mais, par-dessus tout, la comédie.

En 1931, Ingrid a seize ans. Très grande, elle est aussi très belle. Ses yeux clairs, ses cheveux blonds en feraient une beauté classique si elle n'avait pas ce nez si particulier, long et doux, cette légère gaucherie qui se mêle à un port de tête altier, cette application de jeune fille sage qui fait si souvent place à un sens de l'humour décalé, détonnant.

Par-dessus tout, malgré ce début de vie chaotique et encombré de deuils, Ingrid a déjà choisi sa voie, celle de la scène. C'est une débutante dépourvue de toute formation académique mais elle sent déjà qu'elle est faite pour jouer. Elle a compris qu'elle possède quelque chose de particulier. À cet instant, elle vit dans ce paradoxe inexplicable : elle ne sait pas par où commencer mais elle est de ceux qui ont cette grâce et cette chance de savoir ce qu'ils veulent sans jamais en démordre. Pour réaliser son rêve, elle n'a réellement aucune piste mais, déjà, elle a le sentiment que rien ne pourra l'arrêter.

II

Ingrid ne souffre pas du froid. Son regard est fixe. Son cou volontaire est tendu comme un fil. Son impatience la fait se sentir légère et bouillante.

Comme une douzaine d'autres jeunes femmes, elle attend pourtant depuis un bon quart d'heure devant une grande porte de fer sombre qui donne sur la rue. Cette journée est pleine de promesses pour une adolescente de seize ans qui devine qu'une brèche peut s'ouvrir et lui permettre de réaliser un projet qui ne l'a jamais quittée.

Cet hiver, au cœur de Gamla Stan, le quartier de la vieille ville de Stockholm, la statue de saint Georges hérissée de pics de bronze est enneigée, à tel point qu'on distingue à peine les formes de cette sculpture biscornue de la Renaissance représentant la Suède sauvée de l'ennemi danois. À ses pieds, les passants se pressent.

La nuit tombe de plus en plus tôt, altérant déjà la timide lumière de l'après-midi. La température est négative, atteignant certains jours moins trente degrés. Seuls la conversation des Stockholmois, les pas vifs et les lumières qui éclairent les façades

colorées apportent une présence rassurante à l'atmosphère
sèche et glacée de la ville. Pour avoir chaud, il faut se couvrir les
oreilles, se frotter les mains, piétiner. Peut-être faut-il aussi avoir
en tête une idée obsédante pour s'acharner à fendre le vent qui
serpente inlassablement dans les rues.

Après une heure d'attente, Ingrid sent que la file dans laquelle
elle se trouve commence d'avancer. C'est Greta Danielsson, la jeune
gouvernante et l'ancienne maîtresse de son père, qui, ayant gardé le
contact avec la petite orpheline durant plusieurs années, l'a amenée
ici. Greta a pris des cours de comédie et a obtenu un rôle de figurante
dans un film produit par les studios de la Svensk Filmindustri. Elle
pense pouvoir faire obtenir un autre petit rôle à Ingrid. Après une
entrevue sommaire, le directeur de casting la recrute.

À l'intérieur du bâtiment, il fait un peu plus chaud. Voici donc
les deux jeunes femmes sur le tournage, jouant un rôle anonyme
parmi d'autres. À l'écran, elles apparaissent au milieu d'une
foule. On leur a demandé de paraître affligées. Elles jouent des
indigentes affamées qui attendent du pain. Elles ne prononceront
pas un mot et ne seront pas créditées au générique.

Cependant, Ingrid, qui a été payée dix couronnes pour vivre
une expérience inespérée pour laquelle elle aurait pu payer elle-
même, est transportée de bonheur et d'excitation. Les caméras,
les acteurs, les décors l'émerveillent. Elle est plus que jamais
tentée de faire du monde du spectacle son propre monde.

Pour une actrice, commencer par le cinéma au début des
années trente n'est pas banal. D'aucuns pourraient dire que
ce début est un signe, au regard de l'avenir cinématographique
qui attend la jeune fille.

Mais l'intérêt qu'Ingrid porte au théâtre est intact. D'ailleurs,
des années après ses plus grands succès au cinéma, son amour de
la scène, du risque, de la fragilité de la parole offerte immédiatement à une foule palpable et intransigeante ne la quittera jamais.

Et, malgré cette première expérience, elle est décidée à exercer son talent sur les planches. Elle semble aussi toujours déterminée, à travers cette décision, à ne pas trahir les projets que son père avait pour elle. C'est ainsi qu'elle l'écrit dans son journal intime. *Papa voulait que je fasse de l'opéra, parce qu'il adorait la musique. Mais je ne pense pas qu'il y ait tellement de différence entre l'opéra et le théâtre. Je ne crois pas qu'il m'aurait interdit d'emprunter la route épineuse qui mène au ciel des étoiles*[1].

Elle se conforte dans l'idée qu'elle sera actrice ou qu'elle ne sera rien. Elle décide d'apprendre son futur métier dans la meilleure école qui soit.

Elle s'inscrit au concours du Dramaten, l'école du Théâtre royal de Stockholm créée en 1783. Il s'agit d'une illustre institution qui, quelques années plus tôt, a accueilli des vedettes locales dont une certaine Greta Gustafsson, une petite coiffeuse inconnue qui deviendra plus tard la *Divine* Greta Garbo.

Au Dramaten, on apprend l'art dramatique mais également la danse et les langues étrangères, toutes les formes d'expressivité qui contribuent à donner au public une impression d'aisance, qui font oublier la technique d'un acteur, intensifient le caractère d'un personnage.

À Stockholm, le Dramaten est célèbre et respecté, le concours d'entrée y est réputé redoutable. Ingrid, qui prend cet examen très au sérieux, commence de se préparer, seule, en répétant dans sa chambre les extraits imposés à présenter lors de l'audition. Son oncle et sa tante ne voient pas d'un bon œil cette préparation. À la désapprobation d'une telle orientation se mêle l'incrédulité quant à la réussite de cette nièce jugée, malgré son visage incontestablement lumineux, trop grande et disgracieuse.

---

1. Ingrid BERGMAN, Alan BURGESS, *Ma vie*, p. 39.

Le malheur d'être orpheline joue toutefois, bien ironique-
ment, en faveur d'Ingrid. L'oncle Otto est sévère mais il est
honnête et affectionne sa nièce. Il ne se permet pas d'exercer
sur elle une autorité comparable à celle qu'il exerce sur ses
propres enfants, d'autant qu'il reçoit une pension conséquente
pour pourvoir à l'éducation de la jeune fille. À cela s'ajoute une
certaine forme de culpabilité que cette famille unie et joyeuse
peut ressentir vis-à-vis de cette enfant qui a vécu une série de
drames peu communs.

Lui refuser de tenter de réaliser son rêve alors que le sort
lui a refusé une vie familiale épanouie semble injuste. La priver
de ce qu'elle aime pour l'éduquer, lui imposer la frustration
et la peine pour lui apprendre la patience et l'effort, tout cela
ne semble plus nécessaire à présent. Et puis Ingrid n'offre pas
de brèche, ne montre aucun signe d'hésitation et ne permet à
personne de contredire son désir. Autant ne pas la contrarier.

Ingrid Bergman a bien souvent raconté son audition au
Dramaten, tant celle-ci a été riche en émotions contradictoires.
C'est aussi à partir de cette épreuve surprenante à tout point
de vue que se scelle véritablement son destin hors du commun.

Le jour de l'audition, nous sommes au mois d'août 1932.
Ingrid n'a pas dix-sept ans. Les jurés lui font face. Elle entre
en scène pour interpréter un extrait de *L'Aiglon* de Rostand.
Enjouée, déterminée, elle s'élance sur les planches et prononce
les premiers mots de son texte...

... Mais c'est une gifle brutale qui la frappe en plein vol : le
jury semble ne pas faire attention à elle, il discute. *Je ne peux y
croire ! Les jurés ne me prêtent pas la moindre attention. Groupés
au second rang, ils sont tout bonnement en train de bavarder*[2].
Puis le président l'arrête et lui fait signe de s'en aller.

---

2. *Ibid.*, p. 24.

Tout, à cet instant, s'écroule. Elle est anéantie. Ses semaines de travail se sont envolées à cette seconde et tout lui donne le sentiment d'un gâchis monstrueux. Le désespoir, la honte et la rage saturent son corps dont la sensation même devient floue. *Je ne vois personne, je n'entends plus rien*[3].

Elle se trouve de nouveau orpheline, arrachée à ce qu'elle a de plus cher en un éclair. Elle ramasse ses affaires et marche dans les rues au hasard sans pouvoir s'arrêter. Elle espère ainsi suspendre le temps, refuser la situation d'échec qui prendra tout son sens à la maison, lorsqu'il faudra formuler le désastre, essuyer les railleries, sans doute. Pas même une chance. Un refus net, entier, imparable.

Elle repense à son père, aux innombrables photos de sa mère, à son oncle et sa tante, surtout, à leur regard qu'elle se prépare à affronter, cet air de certitude confortée. Ils savaient bien qu'elle n'y arriverait jamais. Elle s'est acharnée, tant pis pour elle. Les deuils qu'elle a endurés étaient très douloureux mais ils n'étaient certainement pas de son fait. Ce jour-là, il lui faut enterrer ses ambitions et c'est elle seule qu'il faut blâmer.

Elle a promis à son oncle Otto qu'elle n'insisterait pas et abandonnerait son projet d'être actrice si cette tentative échouait. Aujourd'hui, donc, tout est perdu. Faire un bon mariage et ne pas travailler la désespèrent. La perspective de se consacrer à ces activités d'intérieur, laborieuses et muettes qui ne laissent pas de traces lui donne envie de fuir. Déjà, elle se sent disparaître dans une vieillesse poussiéreuse avant même d'avoir grandi.

Finie ma carrière d'actrice ! À quoi bon vivre, désormais ? Je me dirige droit vers le quai. Je sais qu'il ne me reste plus qu'une chose à faire : me jeter à l'eau et mourir[4].

---

3. *Idem.*
4. *Idem.*

Il se fait tard. Elle ne peut repousser éternellement l'aveu de sa défaite. Elle se décide enfin à regagner la maison de son oncle. À ses amis et aux journalistes qui la questionneront, elle racontera la suite à plusieurs occasions. C'est enfermée dans son chagrin qu'elle pousse la porte de la grande maison de l'oncle Otto. Elle redoutait tant ce moment qu'elle a erré dans les rues jusqu'à ce que son épuisement soit à la hauteur de sa peine. Elle ne veut pas parler.

Mais, à sa grande surprise, c'est une cousine tout excitée qui l'accueille. Le Dramaten a téléphoné. Ingrid est retenue pour la seconde audition du lendemain.

Aussitôt, tout s'éclaire : le jury l'a jugée si juste et si douée que quelques secondes ont suffi pour qu'il perçoive son talent.

Elle reprend son souffle. Le chagrin qui fait traîner des pieds fait place à une joie qui lui donne envie de courir. Elle passe de la torpeur à la folie, ressent à présent ce succès qui donne l'impression d'être invincible, comme si plus rien ne pouvait l'atteindre.

Le lendemain, la seconde audition est également très satisfaisante et Ingrid est reçue dans le saint des saints de la comédie suédoise qui lui semblait encore, il y a peu, n'être rien de plus qu'un de ces rêves inaccessibles qui vous bercent avec délicatesse pour mieux vous décevoir.

La voici à présent dans une situation privilégiée. Le Dramaten, blanc et or, est à deux pas du port de plaisance et de la première adresse d'Ingrid. Le bâtiment fait face au parc Berzelius, où de petites pelouses vert tendre entourent la statue du grand chimiste suédois. C'est une bâtisse imposante, stricte et symétrique, une sorte de palais en pierre de taille de deux blocs surmonté d'un donjon équarri en bronze. Les murs marmoréens, presque translucides, lui donnent un air de temple.

Durant les premiers mois, Ingrid est impressionnée en pénétrant dans son enceinte. Elle a le sentiment, un temps, de ne pas être à la hauteur du lieu.

Un an passe, pourtant, et l'euphorie retombe.

C'est tout d'abord une certaine lassitude qui vient des exercices laborieux de mimes et de voix dont on ne voit ni la fin ni le profit. Et puis, la première expérience de figuration au cinéma reste pour Ingrid une référence d'action, d'immédiateté, qui semble ne plus se présenter que dans ses souvenirs. Elle veut jouer pour de bon, on la condamne à travailler sans costumes, sans public, à regarder toujours les élèves des classes supérieures.

Il faut dire qu'à cette première expérience cinématographique s'est ajoutée une seconde, beaucoup plus importante, qui a été pour Ingrid une chance inespérée, un incroyable plaisir. C'est l'un de ses oncles, Gunmar, qui lui a présenté une actrice en vogue, Elena Janressten. Cette dernière a décidé d'aider Ingrid à trouver un travail pour l'été en lui faisant passer un bout d'essai avec son ami producteur Hanz Trezpànjman.

Celui-ci s'est enthousiasmé pour la jeune fille. Elle-même s'est observée sur la pellicule et s'est trouvée laide, gauche, avec un trop grand nez.

Mais Trezpànjman est convaincu d'avoir déniché une personnalité forte et intéressante. Quelque temps plus tard, Ingrid, à la demande d'un acteur reconnu qu'elle a rencontré au Dramaten, est engagée pour jouer un rôle dans l'un des films de Trezpànjman, *Le Comte du Pont-au-Moine*. Là, tout lui a semblé facile, évident. Cette fois-ci, elle rêve de plus en plus de cinéma.

D'autre part, un incident a quelque peu refroidi son enthousiasme pour ses cours de théâtre. Elle qui brille par sa beauté, son talent, qui mémorise tous ses textes en un clin d'œil et parle déjà plusieurs langues a été repérée par l'un des professeurs du Dramaten. Admiratif, celui-ci lui a proposé un rôle dans une pièce alors qu'elle n'est qu'en première année, ce qui est tout à fait inhabituel. La réaction des autres élèves plus expérimentées ne s'est pas fait attendre. Très jalouses, elles ont accusé leur rivale de s'être prostituée pour avoir son rôle, se sont jetées sur elle et l'ont rouée de coups. Ingrid a dû finalement renoncer à cette promotion inattendue, gardant à l'esprit l'ampleur de la haine que le succès et la chance peuvent inspirer. Elle se voit condamnée, pour obtenir un rôle, à attendre dans l'enceinte du Dramaten une progression fastidieuse qui l'ennuie déjà.

Pour ce qui est du cinéma, en revanche, les choses s'accélèrent de plus belle. Après ses premiers essais, Ingrid est encore sollicitée pour des tournages. Bientôt, elle se voit proposer un rôle principal et tourne dans *Intermezzo*. L'histoire est celle d'une jeune pianiste qui tombe follement amoureuse d'un violoniste mondialement connu.

Intermezzo, qui lance réellement la carrière d'Ingrid Bergman, est un film qui la révèle, donne à voir son jeu plein de subtilités, de regards équivoques, dans une histoire complexe d'amour contrariant l'ordre moral et la quiétude d'une famille bien établie. C'est de toute évidence une promotion incroyable pour la jeune femme. Le rôle du violoniste est joué par l'immense acteur Gösta Ekman, la vedette incontestée de la Suède pour qui Ingrid nourrit une admiration folle.

Elle n'en revient pas.

Ekman, alors âgé de quarante-six ans, est en effet adulé dans son pays, il a naguère interprété des rôles de jeunes premiers, comme dans *Le Chevalier errant* ou encore *Faust*, des films que tous les Suédois de l'époque connaissent. Il s'illustre également comme chanteur, et possède, en plus d'un physique admirable que l'âge a rendu grave et épuré, une voix juste et suave.

Ingrid est enchantée de chaque seconde qu'elle passe à ses côtés. Tourner avec cette vedette la flatte énormément. Il n'est pas évident pour une actrice débutante au visage régulier, à l'air angélique, d'interpréter ce rôle d'amoureuse coupable, pleine de contradictions et d'aspérités.

Mais Ingrid est elle-même capable, sans doute, d'aimer comme cela. Et pour Gösta Ekman, qui joue ici dans son avant-dernier film et sent ses forces faiblir, elle ressent une sorte de passion trouble. *C'est comme s'il était mon père [...]. Je l'adore plus que jamais*[5], confie-t-elle alors à son journal, dont l'acteur semble hanter chaque page. *Mon admiration pour [lui] est presque insupportable*[6].

Les propos particulièrement passionnés de la jeune femme à l'égard de cet acteur plus âgé, avec lequel une histoire d'amour ne semble pas envisageable, font écho à un autre amour impossible qui a pris une place croissante dans sa vie.

Son passage au Dramaten lui a donné l'occasion d'être repérée par plusieurs hommes. Parmi les acteurs qui évoluent auprès d'elle, l'un d'eux est confirmé, riche d'une expérience de près de vingt ans dans le métier. Il est remarquable par son air mutin, son regard profond et son élégance naturelle. Il s'appelle Edvin Adolphson. Âgé d'une quarantaine d'années, il est marié mais ne résiste pas au plaisir de séduire. Il y parvient aisément. Il semble prendre toute chose avec détachement, marche avec une lenteur nonchalante qui attire le regard. Son visage est singulier, pointu. Ses pommettes saillantes et ses sourcils très sombres intriguent. Acteur talentueux, attentif à son image comme le sont la plupart de ses condisciples, il sait travailler ses attitudes, émouvoir le public, en particulier la gent féminine.

Il est cependant capable de se passionner sincèrement pour la jeune Ingrid, décelant chez elle un talent particulier, une grâce remarquable qui s'élève au-dessus des charmes communs, provenant d'une personnalité qu'il ne retrouve pas chez les autres femmes qu'il croit connaître.

---

5. Donald SPOTO, *Ingrid Bergman*, p. 47.
6. Ingrid BERGMAN, Alan BURGESS, *Ma vie*, p. 72.

Edvin Adolphson a pu être la première histoire d'amour physique d'Ingrid[7]. Elle-même n'y fera jamais référence, n'évoquant probablement dans son autobiographie qu'une infime partie de ses conquêtes masculines.

Il semble pourtant que cette histoire avec Adolphson ait eu une influence plus qu'importante dans la vie personnelle et dans la carrière d'Ingrid. C'est lui, en effet, qui l'a fait engager pour le tournage du *Comte du Pont-au-Moine* et qui en a partagé l'affiche avec elle. Ce premier film, tourné avant *Intermezzo*, a permis de la mettre en valeur et de la faire remarquer par les critiques qui lui ont reconnu *un grand talent et une belle assurance*, ou encore ont vu en elle *un vrai atout pour le film*[8].

Et c'est après ces expériences concluantes qu'elle s'arme de courage et se décide à présenter sa démission au Dramaten. Elle demande un entretien à son directeur, Olaf Molander. Celui-ci se montre furieux, menaçant, incrédule face à une décision qu'il juge risquée et prétentieuse de la part d'une jeune actrice. Mais, alors qu'il se met en colère, prédit à la jeune femme une vie ruinée, celle-ci, qui est habituellement très timide, se révèle inflexible et lui tient tête. Elle quitte son bureau et lui claque la porte au nez.

C'est donc cette décision courageuse qui la pousse à s'engager pleinement dans le cinéma et à tourner dans les studios de la Svensk Filmindustri un film mélodramatique intitulé *Les Lames de l'océan*, dans lequel elle interprète une fille mère délaissée mais valeureuse aux côtés de l'acteur Sten Lindgren. Elle est à nouveau consacrée par la critique, qui voit en elle une actrice *gracieuse et authentique*[9].

7. Donald Spoto, *Ingrid Bergman*, p. 43.
8. *Ibid.*, p. 47.
9. *Ibid.*, p. 48.

Mais tous ces succès ne font pas oublier à Ingrid le désordre de sa vie personnelle et l'aventure quelque peu frustrante qu'elle entretient avec Edvin Adolphson. Elle rêve d'autre chose et a par-dessus tout besoin de sécurité.

Elle hésite. Son cœur balance alors entre deux hommes qui ne se ressemblent en rien. D'un côté, donc, le ténébreux et fougueux Edvin Adolphson, archétype de l'amour déraisonnable et passionnel qui, s'il venait à s'éterniser, irait contre le bon sens.

De l'autre, un homme étonnamment calme, posé, dont elle vient de faire la connaissance par l'intermédiaire de sa cousine et qui la courtise chastement : Petter Lindström. Petter a été présenté à Ingrid au printemps 1934, lors d'une soirée dansante donnée au Grand Hôtel de Stockholm.

Petter et Ingrid se sont revus. Peu à peu, ils ont affiché une amitié solide, et l'oncle et la tante d'Ingrid, qui ont eu un coup de cœur pour ce jeune homme, mais également et surtout pour sa condition enviable, ont tout de suite vu ce rapprochement d'un très bon œil.

Pour une jeune femme de l'âge d'Ingrid, orpheline, vulnérable, Petter est impressionnant : il est dentiste, bien établi, a une belle voiture, une situation très confortable et, surtout, dix bonnes années de plus qu'elle.

Pour Petter, en revanche, Ingrid n'incarne pas, sans doute, la femme avec laquelle il aurait imaginé partager un jour une relation sérieuse. Cette jeune actrice, apparemment indépendante, du moins du point de vue de sa vie professionnelle, spontanée, extrêmement passionnée, ne lui ressemble pas du tout. Il s'intéresse peu au théâtre, encore moins au cinéma, et voit en elle, cette femme talentueuse, reconnue et exposée, une forme de menace pour lui-même et sa propre tranquillité.

À propos d'Ingrid, à plusieurs reprises et dès le début de sa relation avec elle, Petter affirme qu'*elle n'est pas très intelligente*[10].

Ce commentaire méprisant peut laisser perplexe quant à la teneur de son amour pour elle. Pourtant, il n'est pas rare, à cette époque, qu'un homme ayant reçu son éducation se permette de dire une telle chose d'une femme, sans pour autant avoir l'impression d'être insultant. Dire de son opinion qu'elle est exceptionnellement misogyne pourrait malheureusement s'apparenter à un anachronisme.

Ce jugement est néanmoins significatif quant à l'ampleur de l'écart entre la perception que Petter a du potentiel de la jeune femme et la réalité. Dans son métier, Ingrid, subtile, talentueuse, polyglotte, douée d'une mémoire à la limite de la monstruosité, fait preuve d'un entendement et d'une lucidité indiscutables. Chacun lui reconnaît une grande perspicacité. Mais son travail de comédienne est un aspect de sa vie auquel Petter n'a pas accès et auquel il demeure hermétique.

Ingrid, elle, se laisse pourtant séduire, peu à peu, par cet homme à qui tout réussit, à la fois autoritaire et réservé. De son côté, Petter tombe sous le charme de cette jeune femme si peu en harmonie avec son caractère et ses aspirations. Après de très sérieuses hésitations, il finit par se dire qu'il a peut-être trouvé en elle celle qui partagera son existence.

Entre Petter Lindström et Ingrid Bergman, il n'y a, d'après cette dernière, *jamais eu de coup de foudre*[11]. L'amour est venu au fil du temps, laissant espérer, peut-être, une de ces relations apaisées, propres à se nourrir du temps qui passe et à s'épanouir plus aisément dans un mariage que dans une passion éphémère. Pour Ingrid, cette relation avec Petter semble être basée sur la

---

10. *Ibid.*, p. 50.
11. Ingrid BERGMAN, Alan BURGESS, *Ma vie*, p. 46.

LE FEU SOUS LA GLACE

raison. Petter appartient à la bourgeoisie établie, il est respectable, courtois, et sait donner une image de lui-même parfaitement responsable. Il apparaît comme un allié, se montrant toujours prévenant et protecteur.

Ainsi, Ingrid, qui a toujours su conserver sa lucidité quant à sa relation avec Edvin Adolphson, congédie ce premier amour qui ne mène à rien pour se rapprocher définitivement de Petter. Elle se promène longuement avec lui dans les innombrables parcs de Stockholm, se décide pour la première fois de sa vie à se confier à quelqu'un. Elle lui raconte son enfance, s'attache bientôt à lui avec une tendresse sans limites et une forme de dépendance qu'elle ne s'explique pas.

N'étant sûre d'elle-même que lorsqu'elle joue, elle se retrouve parfois mal à l'aise avec les formalités pratiques et demande sans cesse à Petter son avis. Lui-même, péremptoire et fidèle à une conception patriarcale du couple, devient bientôt celui qui décide de tout en ce qui concerne Ingrid, allant jusqu'à négocier ses contrats en son nom.

Cette intrusion au départ pleinement consentie dans la vie professionnelle d'Ingrid est de plus en plus sensible à mesure que le temps passe, d'autant que la relation des deux jeunes gens vient de se concrétiser par des fiançailles. Tout est peut-être allé trop vite. La jeune femme pourrait encore reculer.

Elle ne le fait pas.

Elle qui, grâce à ses cachets de plus en plus conséquents des Films Suédois, vient de quitter son oncle et sa tante pour s'installer seule dans un bel appartement de Stockholm, profite alors de ses derniers vrais instants d'indépendance. *Quand j'y pense, je me rends compte que, de toute ma vie, je n'ai eu qu'une année de liberté, une année à moi*[12].

12. *Ibid.*, p. 62.

Elle n'a que vingt et un ans.

C'est le 10 juillet 1937 qu'est célébré le mariage de Petter et d'Ingrid.

La cérémonie a lieu dans l'église luthérienne de Stöde, au nord de Stockholm, la ville d'origine de Petter. L'église est un immense édifice pointu, éclairci par de belles baies vitrées, au milieu d'un parc à la française au bord d'un lac parfaitement bleu. Ingrid, dans le triomphe de sa jeunesse, porte une coiffe ajourée qui dégage son front et laisse ses cheveux détachés mais disciplinés, frisés au fer. Sa robe est longue, sobre et ajustée. Elle est incroyablement belle.

Petter, impeccable dans un costume sombre, chemise blanche à col cassé, boutons de manchette, fleur blanche à la boutonnière, est on ne peut plus élégant.

Tous deux sont très agréables à regarder, impressionnant l'assistance par leur grâce et leur maintien. De l'avis de tous, Ingrid et Petter, malgré les différences qui les opposent, forment de l'extérieur un couple particulièrement assorti.

Déjà, le mariage de cette jeune actrice devenue célèbre en l'espace de quelques années fait les gros titres des journaux. Les reporters se pressent pour photographier l'événement.

Les débuts du mariage semblent être heureux, au vu des lettres passionnées d'Ingrid, lettres auxquelles Petter répond lui-même en des termes très tendres[13]. Le couple fait de son voyage de noces un périple en Norvège et en Angleterre.

Ingrid et Petter reviennent à Stockholm pour s'installer dans l'élégant quartier d'Östermalm, celui-là même où Ingrid est née. Le couple vit dans une aisance bourgeoise, dispose d'une cuisinière à domicile et de tout le confort possible. Cependant, Ingrid n'incarne en rien la conjointe modèle dévouée à son foyer

---

13. Donald SPOTO, *Ingrid Bergman*, p. 61.

qui ne se réjouit jamais que des succès de son mari. Elle poursuit sa carrière en signant plusieurs contrats avec les studios UFA en Allemagne.

Elle parvient alors à relever le défi de jouer en allemand, la langue de sa mère qu'elle a toujours su à peu près parler. Elle tourne *Les Quatre Camarades*, film où elle incarne une jeune femme tentant de monter une affaire en s'associant avec trois autres femmes et qui doit se confronter aux difficultés que lui créent les hommes.

Elle s'en sort à merveille même si le film, dirigé par Carl Fröhlich, est tourné en 1938 en plein apogée du nazisme, dans une atmosphère sombre et hostile.

Petter, dévoué à sa jeune épouse et prêt à l'aider de toutes les façons, n'hésite pas à la surprendre et à la rejoindre sur le lieu de ses tournages.

Mais Ingrid perçoit ce dévouement comme une bonté à double tranchant. Celui-ci traduit également de la part de Petter une volonté de contrôle, voire de domination sur une femme très jeune mais libre, au talent reconnu, dont l'univers professionnel lui échappe totalement.

Très tôt, Ingrid a profondément conscience de ce jeu de pouvoir dans ses relations avec les hommes, quand bien même naît-il avec ceux qu'elle aime et qui l'aiment. *En décidant, en leur disant que faire, les hommes rendent les femmes incapables. Les hommes m'ont appris à être dépendante. D'abord mon père, et puis oncle Otto, qui ne voulait pas que je devienne actrice, et puis Petter, avant même que nous soyons fiancés*[14].

L'intrusion de cet homme dans son métier va devenir plus sensible encore lorsque la carrière de la jeune actrice prend soudain une place grandissante dans la vie du jeune couple.

---

14. Scott EYMAN, *Ingrid Bergman*, Cologne, Taschen, « Movie Icons », 2007, p. 39.

En effet, si Ingrid est à présent une vedette de cinéma en Suède et en Allemagne, elle est peut-être sur le point de le devenir aux États-Unis.

C'est une collaboratrice du producteur David O. Selznick, chargée de chasser les talents à l'étranger, qui l'a repérée dans *Intermezzo*.

Très vite, la Selznick International Pictures est en pourparlers avec Ingrid, ou plutôt avec son mari. Il est sérieusement question d'un départ aux États-Unis et de la consécration possible d'une carrière internationale.

Cette perspective bouleversante s'annonce alors qu'Ingrid vient de mettre au monde une petite fille, Pia Lindström. Son prénom est formé par les initiales de ceux de ses deux parents, *p* pour Petter, *i* pour Ingrid et *a* pour Aaron, le second prénom de son père.

Cet événement réjouit mais inquiète aussitôt la jeune mère. Et la fillette qui vient de naître lui procure un étrange sentiment d'identification qu'elle ne parvient pas bien à dominer.

Peut-être est-ce une angoisse plus grande, pour une orpheline, de relever le défi de la maternité sans en posséder ni modèle, ni contre-modèle. Ingrid ne garde aucun souvenir de sa propre mère, elle ne parviendra jamais à en retrouver un seul. Une sensation de vide l'envahit. Par ailleurs, elle est impatiente, déjà, de se remettre au travail.

Si la naissance de Pia constitue comme une *suite naturelle*[15] de son mariage avec Petter, Ingrid a acquis une telle reconnaissance, elle espère un tel essor de sa carrière qu'elle n'envisage pas de mettre son métier d'actrice entre parenthèses pour son enfant. Ce choix est, pour une mère, loin d'être une attitude courante et acceptée dans les années trente.

---

15. Ingrid BERGMAN, Alan BURGESS, *Ma vie*, p. 71.

Ingrid le sait. Elle ressent une culpabilité réelle. Mais elle vient encore de recevoir un coup de téléphone de Hollywood. L'occasion est trop belle. La passion de jouer, trop forte.

Elle brûle, comme son père avant elle, de visiter les États-Unis. Et elle sait déjà, à cet instant, qu'elle risque de devenir pour sa fille une mère lointaine, une icône absente comme l'avait été sa propre mère avant elle.

III

Comme à son habitude, le producteur David O. Selznick est submergé de travail. Il est en train de diriger simultanément les productions de *Rebecca* et d'*Autant en emporte le vent*. Ses films ont le vent en poupe. Il est l'un des piliers du cinéma hollywoodien.

En cette fin d'année 1938, il a déjà produit plus d'une trentaine de longs-métrages, dont *Les Quatre Filles du docteur March*, *Vol de nuit* et *King Kong*. De toute évidence, Selznick, homme d'influence à qui l'on devra d'avoir fait découvrir au public Fred Astaire, Katharine Hepburn, Vivien Leigh ou encore Alfred Hitchcock, a un talent de visionnaire.

Il a également une ambition énorme et un désir de contrôler tous ceux qui travaillent pour lui.

Le film *Intermezzo*, qui a réuni Gösta Ekman et Ingrid Bergman, a été projeté aux États-Unis où il n'a inspiré que des critiques élogieuses.

Il n'a pas échappé à l'œil expert des équipes de la Selznick International ; le mot d'ordre de la maison est que tout ce qui vaut la peine d'être vu doit passer entre leurs mains. Pour cela,

Selznick choisit ses employés parmi les personnes les plus brillantes, celles qui possèdent elles-mêmes un sens artistique aigu, un goût certain pour les affaires et qui viennent des meilleures universités.

C'est Katherine Brown, la talentueuse directrice adjointe de la Selznick International, qui parle du film à son patron. D'abord intéressé par le scénario, Selznick envoie Brown en Europe pour en acheter les droits.

Puis, après quelques discussions avec elle, il se laisse convaincre par le potentiel de la jeune héroïne du film. Il lui demande finalement de lui *ramener Ingrid Bergman*[1].

Katherine, que tout le monde appelle Kay, se met en tête de négocier un contrat avec le couple Bergman, encore submergé par l'arrivée de sa petite fille. Elle se rend en Suède sans plus attendre.

C'est une femme grande et mince, brune, à l'allure stricte, très assurée.

Ingrid lui apparaît comme une jeune femme innocente, fragile et douce. Kay tente de lui présenter les conditions demandées par Selznick pour la faire venir à Hollywood. Mais c'est Petter Lindström qui l'interrompt pour négocier le contrat directement. Il refuse que sa femme signe un contrat de sept ans, opte pour un accord portant sur un seul film avec une simple option sur le suivant si le tournage s'est déroulé sans incident et si les circonstances y sont favorables.

Petter est la voix pragmatique et matérielle d'Ingrid, qu'il considère toujours comme un être évaporé, sans grand discernement. Il n'en reste pas moins qu'il s'attache sincèrement à favoriser sa carrière et met un point d'honneur à obtenir ce qu'il considère être le meilleur pour elle.

---

1. Ingrid BERGMAN, Alan BURGESS, *Ma vie*, p. 75.

S'il préférerait avoir sa femme auprès de lui, il ne peut, en toute conscience, laisser passer pour elle une occasion pareille. Le contrat est bel et bien signé. Ingrid, très enthousiaste, se prépare à partir à la conquête de Hollywood.

Son départ pour les États-Unis implique un chamboulement non négligeable de sa toute nouvelle vie de famille.

Le 6 mai 1939, à bord du *Queen Mary*, elle aborde les côtes américaines.

Son mari et sa fille sont restés en Suède et elle a été sincèrement triste de les quitter. L'enfant, surtout, lui a d'abord manqué singulièrement, elle a été happée par une sensation primitive et brutale qu'elle ne connaissait pas.

Peu à peu, pourtant, elle s'est plu sur le grand bateau avec les milliers de passagers, les cinq ponts, les trois cheminées rouge et noir. Elle a apprécié la traversée, elle a goûté le plaisir d'être seule au milieu de la foule. Elle a compris la chance qu'elle avait de pouvoir être en route pour une telle destination. Qui, parmi tous ces anonymes qui l'accompagnent, se prépare à vivre une telle expérience ? Elle se ressaisit, elle n'a plus peur, elle est prête.

Lorsqu'elle sent enfin ce souffle si particulier qui avait fait rêver son père avant elle, lorsqu'elle aperçoit les gratte-ciel vertigineux et l'immensité de la ville, elle ne pense plus qu'à faire de son mieux pour être à la hauteur des espoirs que ce nouveau pays a placés en elle. Elle se sent désirée, importante.

Ce n'est pas David Selznick en personne, cependant, qui se présente à elle. C'est Kay Brown, souriante, empressée, qui vient accueillir la jeune actrice dans le port de New York. Ingrid sourit, elle se laisse guider.

Passée la première surprise de sentir la terre ferme sous ses pieds, elle est envahie par les images et les odeurs qui lui montent à la tête. Les écriteaux immenses et bariolés, les chapeaux italiens des hommes et les silhouettes des femmes en robes ceinturées qui flottent sous le genou, ces Cadillac bicolores incroyablement chics qui glissent comme des yachts sur l'asphalte, les fumées blanches qui semblent jaillir de nulle part lui donnent le vertige. Elle aimerait se fondre dans le décor, y trouver sa place. *Kay a pris soin de moi, elle m'a installée à l'hôtel, elle m'a montré la ville. Elle m'a conseillé d'y passer une quinzaine de jours pour me familiariser avec l'anglais. Ou plutôt, avec l'américain*[2]. Très vite, Ingrid, qui a pourtant pris des cours avec application, est obsédée par sa crainte de ne pas surmonter la barrière de la langue, surtout celle de l'accent. Ses professeurs, en Suède, ont tous été britanniques. Ici, les paroles qui jaillissent autour d'elle lui semblent étranges, trop rapides, et lui sont parfois incompréhensibles.

Elle veut s'habituer aux conversations, acquérir un rythme, une fluidité, une expression qui sonnent juste. Elle travaille dur, demande des conseils, assiste à des pièces de théâtre. Son oreille attentive, son excellente mémoire et son don d'imitation la servent dans cet exercice. Bientôt, elle comprend la langue américaine, ses intonations, ses tournures, elle la parle avec une aisance relative qui ne cesse par la suite de s'affirmer.

Les premiers temps aux États-Unis ne vont pas sans encombre, toutefois, et le premier contact avec Selznick en Californie est loin d'être évident. Ingrid a pris le train et traversé le pays pour le voir. Toujours accompagnée de Kay Brown, elle se rend dans sa résidence de Beverly Hills, sur Summit Drive, où s'alignent les stipes élancés des palmiers. La résidence est d'un luxe qui dépasse l'imagination. L'escalier est immense, rutilant, la bibliothèque donne le tournis. La piscine ne se voit pas tout de suite, elle apparaît derrière une porte sur la droite qui se dérobe, elle est comme un accessoire qui tend les bras aux caprices des maîtres

2. *Ibid.*, p. 77.

des lieux. Le décor lui-même est tout droit sorti d'un film. Il faut faire un effort pour ne pas montrer trop d'émerveillement.

David O. Selznick est un homme aux yeux profonds, noirs et perçants, au menton imposant et à la carrure forte. Il a trente-sept ans mais il en paraît facilement dix de plus, ses tracas et son travail forcé ayant marqué son visage de lignes sévères. Il se sait impressionnant, connaît son allure rude et aime secrètement en jouer, observant du coin de l'œil l'intimidation qu'il peut déceler sur le visage de son interlocuteur. Il est lui-même très grand pour son époque, au point qu'il dépasse souvent d'une tête tous ceux qu'il rencontre.

Il se trouve bien étonné de voir débarquer chez lui une jeune actrice dont les yeux arrivent presque à la hauteur des siens.

Ou plutôt, il est absolument effrayé par la taille de sa nouvelle jeune première. Le corps robuste et potelé de cette jeune femme, que l'angoisse pousse souvent à manger un peu plus que de raison, ne le rassure pas non plus. Il ne se l'explique pas vraiment mais son métier le lui a appris : une actrice doit paraître frêle pour donner une impression de vulnérabilité devant un homme qui la menace, ou pour se blottir dans les bras d'un autre homme qui la protège. Et puis, peu importe, d'ailleurs, la raison de cet usage. C'est l'un des codes du cinéma, il est impensable qu'un personnage féminin dépasse un personnage masculin, voilà tout.

Par ailleurs, Selznick est sceptique quant au patronyme d'Ingrid, dont la consonance germanique ne lui convient pas. Il pense qu'en ces temps gangrenés par la plaie du nazisme, celle-ci déplaira au public américain.

Mais il réfléchit déjà à la manière dont il va procéder pour compenser par quelques astuces la différence de taille entre Ingrid et ses éventuels futurs partenaires masculins. Il réfléchit également à un nouveau nom. Puis il se demande de quelle façon il va modeler le visage de la comédienne, retoucher ses sourcils, sa dentition, ou modifier l'aspect de son implantation capillaire.

C'est pourtant un refus catégorique qui lui est opposé.

Ingrid, oubliant une deuxième fois la timidité qu'on lui connaît habituellement, refuse tout en bloc. Elle gardera son nom, ses cheveux et tout ce qui lui a été donné. Elle se met en colère, menace même de retourner en Suède, tant son assurance et sa conviction sont entières. *Maintenant que vous m'avez devant vous, vous voulez me changer. Non, non, j'aime mieux ne pas faire le film. N'en parlons plus. Ça ne fait rien. Je prendrai le prochain train pour retourner chez moi*[3].

Là encore émerge de sa personnalité l'étrangeté qui la caractérise. Ingrid semble se plier entièrement aux exigences de son mari pour les choses courantes, elle donne toujours l'impression d'être soumise aux convenances et à l'autorité. Mais il subsiste en elle comme la perpétuelle conscience de sa propre sujétion, à tel point que, lorsqu'elle est confrontée à cette autorité de façon frontale, elle la rejette avec violence. On pourrait dire que, dans ces moments, à force de s'inquiéter de tout, il lui arrive en fin de compte de n'avoir plus peur de rien. Il y a chez elle, de toute évidence, quelque chose de profondément paradoxal, entre cet air d'innocence et cette dureté, cette apparente crédulité enfantine et l'obstination dont elle peut faire preuve à certains instants de sa vie. Elle-même se l'explique difficilement. *J'ignore ce qui m'a donné le courage de me montrer aussi ferme... À vingt-trois ans, alors que j'avais toujours eu un homme pour me dire ce que je devais faire*[4].

Aussi, face à Selznick, elle ne transige pas. Et, quelle que soit la raison de cette prise de position radicale, le producteur, lui, est sidéré. Il cède, d'abord abattu.

---

3. *Ibid.*, p. 83.
4. *Idem.*

Puis il se met en tête de s'adapter au mieux à l'exigence de l'actrice, de composer avec cette contrainte, d'être ingénieux, en somme, comme il sait si bien l'être. Il décide alors de pousser chez sa jeune recrue l'absence d'artifice à son comble et de créer, comme il le dit lui-même, *un nouveau concept d'actrice*[5].

Peu à peu, il s'enthousiasme. Il pense qu'il va pouvoir tirer parti de cette idée qui, à l'origine, n'est pas la sienne. Il explique aux maquilleurs et aux attachés de presse que cette nouvelle actrice suédoise ne portera pas de faux nom, gardera sa ligne de sourcils, ne se fera pas retoucher les dents. Elle ne fera pour l'instant ni photos, ni interviews.

Conformément à son propre souhait, Ingrid Bergman ne sera pas *vendue comme tant d'actrices européennes*[6]. Elle ne sera pas un phénomène fabriqué, elle sera une actrice dont le naturel sera mis en avant de lui-même et sans machine promotionnelle.

Selznick, qui pense avoir trouvé une formule choc, une jeune femme hors normes, et par là même une recette de succès imparable, brûle d'impatience de présenter la petite nouvelle aux autres acteurs et metteurs en scène, toute cette société hollywoodienne qu'il faut connaître.

Il organise une réception chez lui pour présenter Ingrid à tout le monde. Sa femme, Irene Mayer, la fille du patron de la Metro Goldwyn Mayer qu'il a rencontrée quatre ans plus tôt, est une maîtresse de maison prévenante et une femme d'une grande culture qui a baigné dans l'univers du cinéma depuis son enfance. C'est elle qui joue les médiateurs. Elle présente Ingrid à Clark Gable, Cary Grant, Ann Sheridan, Joan Bennett, Ernst Lubitsch et Gary Cooper.

5. Donald Spoto, *Ingrid Bergman*, p. 78.
6. *Idem.*

Ingrid est saisie par la vision palpable de tous ces personnages connus qui, à travers le prisme des écrans, lui ont toujours semblé plus lisses, plus grands ou ayant une tête plus petite. Elle a cette première réaction d'incrédulité qu'ont les anonymes lorsqu'ils croisent un personnage célèbre. Elle écarquille les yeux, fascinée par ceux qui l'entourent, happée par cette absurdité de les voir dans la pièce où elle se trouve. La vision de la chair rose de leur visage, mobile, d'un rose cru, la frappe. En découvrant ces personnes dans cet état de trivialité, elle a l'impression très claire d'être passée de *l'autre côté*, d'appartenir à *l'autre monde*, celui des vedettes, puisque l'un et l'autre se confondent à cet instant. *Je n'avais pas besoin qu'on me parle, j'étais ahurie de bonheur, il me suffisait de regarder*[7].

Ces hommes et ces femmes ont la conversation facile et une telle aisance gestuelle qu'ils impressionnent follement la jeune femme. On croirait qu'ils n'ont jamais eu à se demander de quelle façon s'habiller, comment se tenir, ce qu'il fallait dire ou faire. Mais ils lui semblent un peu distants.

En effet, malgré les sourires polis et pleins de dents blanches qui se déploient sur leurs visages, les invités des Selznick sont bien sceptiques en apercevant cette nouvelle recrue. Pire, ils s'en amusent avec la cruauté de ceux qui, ayant été acceptés depuis longtemps dans un cercle fermé, ont oublié qu'ils ont dû y entrer timidement, s'y faire accepter, en apprendre les codes. Ingrid croit voir en eux des hommes et des femmes hors du commun dont la notoriété s'accorde avec la noblesse et la générosité qu'elle leur prête.

Mais *Grosse vache* est le surnom qu'ils lui donnent à mi-voix, près du buffet, en étouffant des rires[8]. Ingrid est grande, elle semble engoncée dans sa robe rose démodée à manches gigot

---

7. Ingrid Bergman, Alan Burgess, *Ma vie*, p. 87.
8. *Ibid.*, p. 88.

qui la fait ressembler à un toffee sorti d'une bonbonnière. Elle a un air naïf qui, au premier abord, passe pour de la faiblesse et inspire le mépris. La plupart des invités lui battent froid.

Seul Ernst Lubitsch, un réalisateur dont le talent n'a d'égal que la maladresse physique, se montre compréhensif, prévenant et fait preuve à son égard d'une vraie gentillesse. Par ailleurs, Irene Selznick, mais aussi Kay Brown puis Ruth Roberts qui vient d'être présentée à Ingrid et deviendra son assistante personnelle ainsi que son professeur particulier d'anglais, se montrent d'une bonté inconditionnelle.

Toutes trois sentent naître en elles-mêmes une bienveillance maternelle qu'Ingrid, l'orpheline, inspire à la plupart des femmes qui la rencontrent, même lorsque celles-ci sont à peine plus âgées qu'elle.

Irene Selznick, qui a côtoyé bon nombre d'actrices depuis son plus jeune âge et qui connaît aussi très bien le monde des producteurs et des réalisateurs, joue les chaperons affectueux. C'est une femme ouverte et son discours ne se veut pas moralisateur, simplement pragmatique.

Elle parle franchement et sérieusement à Ingrid du danger que peuvent représenter certains individus qui prétendent être de grands producteurs et font miroiter des rôles à de jeunes actrices dans le but de les faire poser dénudées pour des photos, de profiter de leurs charmes, sinon de prétendre l'avoir fait, ou tout simplement de briser des femmes talentueuses par pure cruauté, par jalousie ou pour le plaisir.

Grâce à Irene et à ses conseils, Ingrid saura repérer les pièges tendus, évitant les écueils instantanément. Par ailleurs, ce qui joue en sa faveur est aussi son allure de *mademoiselle tout le monde*, comme elle le dit elle-même[9], allure qui n'est pas celle

9. *Ibid.*, p. 91.

des filles *sexy, à la mode* et qui n'en fait pas la cible de choix des hommes. Si Ingrid est incontestablement belle, si son corps est féminin, il y a en elle quelque chose de solide, de frais et de sain qui n'est pas de l'ordre de la fragilité. Il est vrai, en outre, qu'elle n'est pas à proprement parler considérée comme un sex-symbol et que les rôles qu'elle se verra proposer ne seront pas souvent ceux d'une femme fatale.

Ainsi, elle finit par trouver peu à peu ses marques dans le monde de Hollywood, d'autant qu'elle fait rapidement ses preuves dans le remake d'*Intermezzo*, *La Rançon du bonheur*, film produit par David Selznick et dirigé par Gregory Ratoff, aux côtés de Leslie Howard.

Ce dernier, à l'instar de Gösta Ekman, interprète le grand violoniste qui tombe amoureux de la jeune pianiste. Howard donne au personnage une touche moins sombre et moins torturée que ne l'a fait son prédécesseur. Sa voix est moins grave, ses gestes sont moins lents, le personnage qu'il interprète en devient moins mystérieux mais plus accessible, et ses sentiments parfois contradictoires sont plus intelligibles pour le spectateur. Son accent britannique, qui, aux États-Unis, évoque encore dans l'esprit collectif une marque certaine de distinction, affermit l'idée que cette histoire se passe dans un milieu privilégié, milieu auquel il est toujours délicieux, pour des spectateurs d'extraction plus modeste, d'accéder le temps d'un film. Mais, surtout, Howard est un acteur considéré comme étant très talentueux. Son nom crédité au générique d'un film en garantit presque toujours le succès.

Ingrid, elle, conserve l'esprit initial de son personnage, mais le rend plus vif et sautillant. Sa première scène dans le film est retravaillée des dizaines de fois. Selznick y est attaché, il veut que son apparition soit, pour un nouveau public, une révélation. Cette première scène tourne à l'obsession. À force d'acharnement, il réussit cependant à créer l'effet escompté.

Il y aura un véritable coup de foudre entre Ingrid Bergman et le public américain. Pour les critiques américaines comme auparavant pour les critiques suédoises, c'est le côté naturel de son jeu qui sera mis en avant et approuvé.

Mais en attendant la sortie de *La Rançon du bonheur*, Ingrid s'est déjà fait aimer des équipes techniques du film, étant toujours modeste et extrêmement disciplinée. Elle se fait aussi apprécier de David Selznick et de Gregory Ratoff pour sa simplicité, son obsession du travail bien fait et sa gentillesse à toute épreuve.

Partout, elle fait sensation. Le film de Ratoff sera peut-être bien le début d'une longue série, du moins c'est ce qu'espère la jeune actrice qui n'a pour l'instant signé de contrat que pour un seul long-métrage.

Elle repart donc en Suède après le tournage de *La Rançon du bonheur* qui a duré près de trois mois. Mais le temps est passé vite, il faut quitter tout le monde à regret. Ingrid se sent comme une jeune amoureuse qui ne sait pas encore si elle est aimée en retour. Elle repense sans arrêt à Hollywood, n'ose pas se manifester trop tôt et paraître aux abois. Le rêve a été trop grand et trop beau. Elle ne peut s'empêcher de désirer à tout prix revenir aux États-Unis.

Elle a repris le train puis le bateau. Mais elle ne profite pas du voyage. Elle s'inquiète. C'est alors qu'elle reçoit un télégramme au beau milieu de l'Atlantique : *Chère Ingrid, tu es une personne merveilleuse et tu as réchauffé nos vies à tous. Amuse-toi bien mais reviens vite ! Ton patron*[10].

Elle serre le papier, elle sourit. Plus tard, on lui demandera encore de revenir le plus vite possible, on lui enverra des cadeaux. Ce sera pour elle un déluge de plaisir et de reconnaissance.

10. Donald SPOTO, *Ingrid Bergman*, p. 86.

C'est avec un sentiment de distance incommode qu'elle retrouve sa famille en Suède. Sa fille, âgée d'un an à peine, ne la reconnaît pas et prend peur en la voyant. *Elle m'a regardée et s'est mise à hurler. Elle ne voulait plus de sa mère*[11]. Ingrid s'en attriste. Sur le coup, il n'y a rien à faire à part attendre un peu que l'enfant s'habitue de nouveau à sa présence.

Revoir Petter l'a émue mais ne l'a pas transportée de joie. Il lui semble froid, étrangement terne. À cet instant, il n'a rien d'exceptionnel pour celle qui a côtoyé des génies et tutoyé toutes les étoiles de Hollywood.

Ingrid a elle-même, par ailleurs, impressionné des personnes de talent, elle a pris confiance en elle. Comment accepter, à présent, d'être perçue par son mari comme une femme un peu limitée qui n'a aucun discernement ? Elle tente de se rapprocher de lui, mais, parfois, il l'agace prodigieusement. Elle, que l'incertitude perpétuelle sur ses capacités a poussée à développer une mémoire, un sens de l'observation et de l'analyse hors du commun, est frappée par cette absence totale de doute qui caractérise son mari.

Homme d'affaires accompli, il est toujours à la fois son porte-parole et son porte-monnaie. Tout lui appartient, il décide de tout.

Mais la personne qu'il contrôle lui échappe, il ne sait pas parfaitement ce qu'il vend, il ne comprend pas son travail d'actrice, il ne comprend pas qui elle est.

Ce décalage devient flagrant lorsque les nouvelles des États-Unis arrivent et que les critiques de *La Rançon du bonheur* qui parviennent à Ingrid sont dithyrambiques. Assurément, elle a été adoptée immédiatement. Le *New York Times* voit en elle *une femme adorable et une comédienne raffinée*. Le *Herald Tribune*

---

11. Ingrid BERGMAN, Alan BURGESS, *Ma vie*, p. 100.

reconnaît en elle *la recrue la plus douée que les studios aient fait venir de l'étranger depuis des mois.* Le *New York Daily News* affirme qu'elle est *une combinaison d'une beauté exceptionnelle, de fraîcheur, de vitalité et de talent.* *Variety* parle d'elle comme d'*un superbe atout pour Hollywood*[12].

Quant au public, il est également au rendez-vous, et les salles obscures sont pleines à craquer, à tel point qu'il faut tirer de nouvelles copies du film et louer de nouveaux locaux pour combler les attentes des spectateurs.

Alors qu'Ingrid jubile en lisant la revue de presse, Petter se dit heureux pour elle mais reste quelque peu distant, ne s'enthousiasme pas.

Il admet cependant que l'avenir d'Ingrid est sans doute aux États-Unis. Agissant en tant qu'agent personnel de sa femme, il annule par prudence le tournage de son prochain film prévu en Allemagne, alors que la guerre vient d'être déclarée.

Il recontacte Kay Brown et finit par négocier pour Ingrid une seconde période de travail avec la Selznick International. Le nouveau contrat, beaucoup plus contraignant, attachera la jeune femme à David O. Selznick et la rendra réellement dépendante de lui. Celui-ci ne prendra effet que dans quelques mois.

Avant de se préparer à repartir à Hollywood, Ingrid tourne en Suède *Une nuit de juin*, un drame réalisé par Per Lindberg dans lequel elle excelle en jeune femme détruite, fuyant un homme violent, changeant d'identité pour tenter d'oublier son passé mais ne retrouvant sur son chemin que des soupirants insistants et irrespectueux. Le personnage d'Ingrid dans ce film est complexe et fragile. Elle s'investit énormément dans ce nouveau rôle, forte de son expérience hollywoodienne et de ce premier grand succès qui lui a donné une nouvelle foi en elle-même.

---

12. Donald SPOTO, *Ingrid Bergman*, p. 87.

Elle retrouve son foyer le soir venu. Petter l'attend, cordial et avenant, comme à son habitude. Tous deux s'entendent bien, au quotidien, parlent de leur fille. Mais c'est Petter qui a toujours le dernier mot. Il semble être toujours enfermé dans ses certitudes. Il ne parvient pas à distraire sa femme, à l'arracher à ses rêves de tournage qui l'obsèdent, à son impatience de retrouver la Californie et ses réalisateurs survoltés, ses studios géants qui lui donnent l'impression que tout est possible.

Petter sent une certaine absence chez Ingrid qui, pourtant, est bel et bien revenue, du moins pour quelques mois. Mais il met spontanément cette attitude sur le compte de la fatigue. Il pense par-dessus tout que ces moments de flottement sont inévitables dans un couple et qu'ils passeront vite. Il a tort.

Ingrid ne laisse rien paraître, et pourtant une pensée calme mais certaine l'envahit un matin, lorsqu'elle le voit, tiré à quatre épingles, partir au travail, pressé, presque agacé, lui lançant un de ces regards condescendants et distraits dont il a le secret : elle ne l'aime plus.

Sur le coup, elle n'a pas eu peur de cette évidence, elle l'a acceptée, sans en envisager pleinement les conséquences futures. Elle en a été simplement attristée, ressentant cette déception tranquille, ce chagrin vague et diffus qui envahit celui ou celle qui cesse d'aimer parce qu'il n'a plus d'envie, plus d'attente, et que son imagination ne s'attise plus en face de celui qui, autrefois, l'inspirait. Penser l'aimer encore serait s'aveugler, nier tout ce qu'elle a pu voir d'autre, oublier qu'elle se souvient très bien de ce que sont le désir, le rêve, l'impatience et l'admiration. Pour lui, en elle, il n'y a plus rien de ce qui l'avait consumée quelques années plus tôt. Ce n'est pas un drame, elle ne peut pas faire autrement. Elle a simplement le sentiment que cette parole intérieure est définitive.

Les bouleversements qui s'annoncent et la guerre qui menace de s'étendre à ses portes lui font pourtant oublier les déficiences de sa vie conjugale.

De toute façon, son engagement est pris avec Hollywood, elle doit repartir. Alors que Petter vient de s'engager au service de l'armée suédoise pour réaliser des films documentaires, il accompagne sa famille au port de Gênes le 2 janvier 1940. Pour lui, le contrat d'Ingrid avec Selznick tombe à pic, il s'inquiète de la tournure que vont prendre les événements, ne sachant pas si la Suède va une fois de plus s'en tenir à sa neutralité. Les États-Unis sont une destination de choix pour tous ceux qui veulent fuir les conflits. Petter redoute les bombardements et veut par-dessus tout protéger les siens. Cette fois-ci, donc, Ingrid part avec sa fille et sa gouvernante.

À New York, toutes trois s'installent dans un bel appartement de Park Avenue. Elles prennent le train pour la Californie quelques semaines plus tard.

Entre-temps, Ingrid a écrit régulièrement à Selznick. Elle a longuement réfléchi à d'autres projets de films. Elle est habitée par une idée qui lui tient à cœur depuis plusieurs mois et l'obsède peu à peu : elle veut jouer Jeanne d'Arc. Elle souhaite que Selznick produise un film sur sa vie et qu'il lui donne le rôle principal.

Cette demande peut sembler inhabituelle chez une actrice qui débute à Hollywood. Il ne s'agit pas, cependant, d'un caprice de star. Cette passion d'Ingrid pour Jeanne d'Arc lui vient de très loin. Elle a lu plusieurs pièces qui ont été tirées de l'histoire de la Pucelle, elle a vu elle-même un film sur son histoire alors qu'elle n'était qu'une petite fille et rêve sincèrement de se mettre dans la peau de ce personnage. Déjà, elle envisage la façon qu'elle aurait d'interpréter sa persévérance, sa foi, ses visions. Mais Selznick, qui, durant quelque temps, lui a donné l'espoir de voir son rêve se réaliser, lui annonce que le projet ne pourra se faire dans les mois qui viennent.

À Hollywood, il n'y a pas non plus d'autre rôle pour Ingrid. Elle doit attendre, pour le moment. Elle ne tourne pas, doit se consacrer à quelques photographies publicitaires et attendre patiemment.

L'ennui la désole. Elle le trompe en mangeant de plus en plus. Ses fringales peuvent la prendre en plein milieu de la journée comme de la nuit. Parfois, lorsqu'elle se promène en ville, elle se gave de sucreries et de glaces, à tel point qu'elle est obligée de changer de pâtisserie pour combler son appétit frénétique en échappant à la honte d'être vue en train de bâfrer. Il n'est pas rare qu'elle engloutisse cinq bananas splits en une heure. Elle prend huit kilos en un mois. Sa prise de poids la décourage. Elle s'en veut. Se promet chaque soir de faire un effort le lendemain. Mais elle ne peut s'empêcher de céder à ses pulsions gargantuesques et de se décevoir elle-même.

Cette maladie est, entre autres, celle de l'angoisse. Comprenant que beaucoup de décisions lui échappent, Ingrid avale ce qui est à sa portée pour se rassurer, comme pour absorber cet univers qu'elle ne contrôle pas et qui, à tout moment, semble menacer de la dévorer. La présence de sa fille et la maternité l'inquiètent par-dessus tout. L'idée tenace selon laquelle être une bonne mère est bien souvent être une mère qui s'oublie, se fait engloutir par les besoins de son enfant, l'effraie de plus belle et ne fait qu'aiguiser son appétit incontrôlable.

Ses journées deviennent tristes, interminables. Selznick n'est pas enthousiasmé par Jeanne d'Arc et le projet n'est pas prêt de se réaliser. Il est encore occupé. Ingrid se sent inutile. Elle mange, elle tourne en rond, elle pleure.

C'est Kay Brown qui va la sauver de son ennui. Elle vient d'être contactée par un producteur new-yorkais, Vinton Freedley, qui souhaite engager la jeune actrice pour jouer une pièce avec Burgess Meredith, un acteur qui débute alors sa carrière, dans une pièce intitulée *Liliom*. Ingrid y jouera le principal personnage féminin.

Cette proposition est en fait un malentendu, le producteur ayant confondu Ingrid Bergman avec l'actrice suédoise Signe Hasso, arrivée aux États-Unis six mois plus tôt et qui a beaucoup plus d'expérience qu'elle sur les planches. Toutefois, le contrat est signé, les répétitions ont commencé à New York, il est impossible de revenir en arrière.

Ingrid a le trac. *Jouer devant les caméras, c'est différent, il n'y a pas de problème, mais tous ces spectateurs massés au parterre, dans les loges, au balcon, ça me pétrifie*[13]. Cependant, comme à son habitude, elle ne recule pas devant le défi qui vient de lui être lancé.

Jetée dans la bataille qui consiste notamment à apprendre par cœur des pages et des pages de texte en anglais à réciter d'une traite, à travailler sans relâche sa diction, son accent américain et surtout à surmonter sa peur de mal faire, elle finit par atteindre son objectif. Et à le dépasser, même, à en croire les critiques et les applaudissements de la salle.

Cette performance vaut à Ingrid l'admiration de toute l'équipe. Le metteur en scène est impressionné, charmé. Une autre personne l'est également. Il s'agit de son partenaire, Burgess Meredith. Séduit par sa beauté, il est également bluffé par sa prouesse. Cependant, s'il lui fait la cour, il semble que cela reste de l'ordre du jeu, et qu'il ne se permette jamais d'exercer de pression directe sur elle. Comme à regret, il adopte, à travers cette façon de tourner ses propres sentiments en dérision, une posture de renoncement à une femme qui le charme profondément.

---

13. Ingrid BERGMAN, Alan BURGESS, *Ma vie*, p. 108.

Quant à Ingrid, elle semble apprécier cet intérêt. Elle l'affirme d'ailleurs assez nettement dans le témoignage qu'elle publie des années plus tard avec un ami journaliste, en parlant de cet admirateur. *Bien sûr, il était un peu amoureux – j'espérais bien qu'il l'était*[14].

Est-ce à dire qu'elle partage ses sentiments ? Elle n'en dit pas plus, dans ce témoignage qu'elle écrit avant tout, dit-elle, pour répondre à la demande de son fils, et qui reste relativement évasif sur le sujet. On peut penser qu'elle a pu être flattée d'être aimée d'un comédien charmant, talentueux et célèbre. Il n'en reste pas moins que Burgess Meredith est une aide précieuse pour elle. Très bien introduit dans le monde des comédiens, mais aussi familier d'autres cercles et curieux de tout, il lui présente bon nombre de ses amis et n'est pas avare de conseils. Proche de son public, il en est à l'écoute et très soucieux de lui plaire. Il est par ailleurs un bon observateur de la société américaine. Ainsi, il est un appui pour la jeune Suédoise qui souhaite de tout cœur appréhender avec justesse le pays qui l'accueille. *C'est lui qui m'a fait aimer et comprendre vraiment le caractère des Américains, c'est lui qui m'a montré leur extraordinaire gentillesse, et comme ils sont les premiers à savoir se moquer d'eux-mêmes [...] Et puis le succès ne les rend pas méchants, ils sont ravis que vous en ayez*[15].

Meredith contribue à faire aimer un peu plus les États-Unis à Ingrid, qui apprécie chez ses habitants une certaine largesse d'esprit qui s'oppose à ce qu'elle peut parfois percevoir comme de la *mesquinerie suédoise*.

Elle voit alors le monde américain comme une échappatoire, une bouffée d'air dont elle a besoin. Plus que jamais, forte de son succès au théâtre gagné de haute lutte et grâce à son

---

14. *Ibid.*, p. 109.
15. *Idem.*

partenaire, elle se sent heureuse d'être à New York parmi une foule d'admirateurs qu'elle perçoit comme inconditionnellement bienveillante.

Cette façon de rire, cette absence totale d'envie, je les rencontrais pour la première fois, et je serai toujours reconnaissante à Burgess Meredith de me les avoir fait découvrir[16].

Mais elle doit de nouveau quitter New York pour rejoindre Hollywood. Là-bas, David Selznick lui annonce que le projet de monter Jeanne d'Arc, une histoire tragique qui ne contient aucun épisode d'amour terrestre et demande une lourde reconstitution historique, est bel et bien tombé à l'eau.

Ingrid se sent trahie. Elle se sent également prise au piège, d'autant qu'elle découvre plus en détail les modalités du contrat de sept ans qu'elle a signé avec la Selznick International. Ce contrat type donne en effet le droit à David Selznick de *prêter* un comédien à d'autres maisons de production. Généralement, ce *prêt* peut se faire au prix de centaines de milliers de dollars dont le comédien ne touche qu'une petite partie. Cependant, Ingrid, particulièrement peu intéressée par l'argent alors qu'elle rapportera une fortune à David Selznick tout en ne touchant parfois que moins de 10 % des transactions la concernant, ne tiendra d'abord pas rigueur à son patron de ce que certains observateurs ont pu qualifier de véritable exploitation. Elle s'en tient au simple constat qu'elle n'a jamais gagné tant d'argent en Suède et qu'elle doit à Selznick le fait de l'avoir fait découvrir au public américain. Elle ne se fait pas d'illusions sur le caractère redoutable de cet homme qui amasse les billets de banque avec une angoisse comparable à celle dont elle fait preuve lorsqu'elle engloutit des monceaux de pâtisseries. Mais elle ne se départ pas de la reconnaissance qu'elle lui porte.

16. *Ibid.*, p. 110.

Aussi écrit-elle à son sujet, dans son journal intime : *Je l'ai aimé dès la première minute, et mon admiration, mon affection pour lui n'ont jamais cessé de croître*[17].

Il n'en reste pas moins qu'à l'automne 1940, Ingrid, qui va jouer le jeu de son contrat, doit accepter d'être *prêtée* à la Columbia pour tourner un film avec Gregory Ratoff qui avait déjà réalisé le remake américain d'*Intermezzo*. Le film, *La Famille Stoddard*, est le deuxième qu'Ingrid tourne à Hollywood. Elle a vingt-cinq ans.

Son partenaire est l'acteur Warner Baxter, qui a interprété *Gatsby le Magnifique* dans le film d'Herbert Brenon en 1926 et s'est rendu très célèbre en interprétant le rôle de Cisco Kid dans le film *In Old Arizona* d'Irving Cummings et Raoul Walsh, interprétation qui lui a valu un Oscar en 1929.

Dans ce film au scénario sans grande originalité, elle interprète le rôle d'une jeune gouvernante dont le patron, devenu veuf, s'éprend. De l'avis même d'Ingrid, *le film n'était pas très bon*[18]. Cependant, elle est soulagée d'avoir été délivrée de son désœuvrement qu'elle trompait bien souvent par des crises de boulimie. Elle écrit à nouveau dans son journal, en utilisant justement une métaphore alimentaire : *Octobre-décembre 1940. Même si la pomme n'était pas excellente, j'ai eu quelque chose à me mettre sous la dent*[19].

Elle va pourtant être frustrée de plus belle durant le tournage d'un autre film, *La Proie du mort*, pour lequel la jeune actrice a une fois de plus été *prêtée* par son producteur au réalisateur W.S. Van Dyke, un homme autoritaire et brouillon pour qui tourner des scènes relève de l'abattage. Détesté mais craint de tous les

---

17. *Ibid.*, p. 100.
18. *Ibid.*, p. 113.
19. *Idem.*

acteurs du plateau, y compris de l'acteur Robert Montgomery, il exerce sur tous un autoritarisme horripilant qui a déjà poussé plusieurs acteurs et techniciens à la dépression.

C'est à cette occasion qu'Ingrid s'illustre dans une prouesse qui lui vaudra encore et pour longtemps une admiration inconditionnelle du monde du cinéma hollywoodien.

Un jour que Van Dyke est particulièrement odieux, pressant chaque membre de l'équipe du film et se plaignant de la lenteur de ses employés avec la brutalité obtuse d'un adjudant-chef, Ingrid, qui jusque-là était encore perçue comme une petite jeune fille sage et laborieuse, explose littéralement de rage. Ses paroles, qui ont été rapportées dans plusieurs témoignages, valent la peine d'être citées. D'une voix forte, elle s'écrie, devant toute l'équipe et à la surprise générale : *Pourquoi n'êtes-vous pas dans l'armée ? À la façon dont vous vous comportez, on voit tout de suite que c'est l'endroit qui vous conviendrait. [...]. Achetez-vous des patins à roulettes et tout sera fini plus vite*[20]. Sur le coup, tout le plateau est tétanisé. Personne n'a jamais osé parler sur ce ton au réalisateur.

Mais celui-ci, après un petit accès de colère, finit par aller voir Ingrid dans sa loge pour s'excuser auprès d'elle. Le tournage se termine dans une ambiance un peu plus calme, et le film, qui ne marquera ni son public ni l'histoire du cinéma, parvient à être bouclé.

Une fois de plus, Ingrid a prouvé que sa docilité apparente cache une conscience professionnelle extrêmement forte et un caractère bien trempé qui peuvent la pousser à la révolte et au conflit lorsqu'elle a le sentiment que l'on veut lui imposer des choses qui la dérangent profondément. Derrière son manque d'assurance subsistent un bloc de principes et une conscience solide de ce qui est juste et a une vraie valeur artistique. Il s'agit

---

20. Donald SPOTO, *Ingrid Bergman*, p. 103.

sans doute chez elle d'un trait de caractère évolutif qui, s'il est encore habillé des lourdes conventions sociales qui imposent aux jeunes femmes la discrétion, la soumission et l'effacement comme autant des preuves de vertus, ne va cesser de s'affirmer à mesure que le temps passe.

La confiance qu'Ingrid a en elle va par ailleurs être confortée par l'opinion publique. Malgré ces deux films jugés relativement médiocres et sans grande fantaisie par les critiques, les performances d'Ingrid ont toujours été trouvées remarquables. À propos de sa prestation dans le film *La Famille Stoddard*, perçu comme mièvre dans son ensemble, la journaliste Mary Ellen Leary écrit pour le *San Francisco News* : *Par je ne sais quel miracle, on croit à son personnage*. Kay Brown le saisit très bien elle-même : *Quiconque était capable de s'en tirer avec un navet pareil pouvait s'attendre à un brillant avenir*[21].

La pauvreté des scénarios n'a jamais eu raison de son éclat, tant elle sait faire passer des émotions, tant elle joue avec un naturel que chacun lui reconnaît, qui n'est pas ce qui correspond à un jeu *à la mode* mais s'impose certainement comme une valeur.

C'est alors que Selznick en prend pleinement conscience, jusqu'à penser que, même s'il a fait venir Ingrid aux États-Unis et a parié sur elle, il l'a peut-être bien sous-estimée. Si elle dépasse d'une tête la plupart de ses partenaires masculins, il suffit de la faire asseoir lorsqu'ils s'approchent d'elle. Sa taille n'a plus vraiment d'importance, à bien y réfléchir, et tout est emporté par ses qualités d'actrice, cette apparence curieuse de vulnérabilité qu'elle dégage et ce caractère déterminé qui transparaît d'un coup au détour d'une scène pour en faire un personnage surprenant, empreint de paradoxes qui font toujours le réalisme et l'intérêt de ses interprétations.

21. *Ibid.*, p. 101.

Selznick pense à elle alors qu'il entreprend de produire une adaptation du célèbre roman de Robert Louis Stevenson, *Docteur Jekyll et M. Hyde*, adaptation qui se fera sous la houlette du réalisateur Victor Fleming.

Ingrid tournera pour ce film avec Spencer Tracy, déjà considéré comme un immense acteur, et qui vient de réussir l'exploit de remporter deux oscars deux années consécutives, le premier en 1937 pour *Capitaines courageux* et le second en 1938 pour *Des hommes sont nés*. Ingrid est immédiatement sentie pour jouer un de ces personnages qui lui collent à la peau, celui de la jeune première pétrie de gentillesse et d'innocence. Selznick comme Fleming pensent donc lui faire jouer le rôle de la gentille fiancée du docteur Jekyll. Quant à l'autre personnage féminin du film, Ivy, malveillant et sombre, Selznick pense le confier à la sulfureuse Lana Turner, femme au regard perçant, au visage rond, au corps voluptueux et à la vie amoureuse passionnée qui est le nouveau sex-symbol de la Metro Goldwyn Mayer.

Mais Ingrid, qui a peur de se laisser enfermer dans un seul et même personnage, ne l'entend pas de cette oreille. Ayant à cœur de casser cette image naissante de brave fillette qui commence à l'ennuyer, elle parvient, essuyant tout d'abord des rires incrédules et à force de ténacité, à convaincre Fleming puis Selznick de la laisser interpréter cette tenancière de bar louche à la vertu douteuse.

Le résultat est détonnant.

Le film est un succès énorme et Ingrid donne à son rôle d'Ivy toute l'ampleur de son talent d'actrice. Comme d'habitude, elle sait ôter à son personnage tout aspect caricatural. C'est une Ivy tout en finesse et en complexité qui ressort de ce film. Cependant, Ingrid ne cède jamais à la tiédeur et donne à ses scènes une force incroyable. Son visage effrayé ou empli de larmes fait de chacune de ses apparitions des images qui marquent durablement les spectateurs.

Un jour qu'elle ne parvient pas à être aussi effrayée qu'elle le devrait, Fleming l'attrape sans crier gare et lui donne une paire de gifles. Il retourne à la caméra et ordonne à tout le monde de continuer le tournage. La prise est excellente, l'effet désiré est parfait et le naturel du jeu de l'actrice est saisissant. Quant aux autres acteurs, ils signent également des performances remarquables. Spencer Tracy, une fois de plus, fait l'unanimité. Son visage anguleux et son regard puissant accrochent la lumière comme jamais.

Ingrid jubile. Elle savoure enfin ce plaisir complet de jouer sous la direction d'un réalisateur habile et avec des acteurs talentueux un personnage qu'elle a elle-même choisi. Cette chance lui semble être la récompense méritée du travail parfois ingrat qu'elle a fait ces derniers mois. *Avec* La Proie du mort, écrit-elle quelques mois plus tard, *j'ai payé* Docteur Jekyll et M. Hyde. *Pour ce film, j'aurais payé n'importe quel prix. Ai-je jamais été aussi heureuse dans mon travail ? [...] Je ne me sens plus attachée. Je puis voler toujours plus haut parce que les barreaux de ma cage sont brisés*[22].

Le bonheur qu'elle ressent de se découvrir elle-même et la reconnaissance qu'elle éprouve pour ceux qui lui ont permis de vivre cette expérience inespérée se traduisent bien vite par un transfert affectif auquel Ingrid va devoir s'accoutumer : elle tombe violemment amoureuse de Victor Fleming. Elle demeure pourtant lucide sur ses propres sentiments et perçoit la nature de cette cristallisation. Elle se persuade donc que cet amour n'est pas réciproque et se force à oublier ce réalisateur génial en se concentrant sur le travail immense qui l'attend.

---

22. Ingrid BERGMAN, Alan BURGESS, *Ma vie*, p. 126.

En effet, dès la fin du tournage de *Docteur Jekyll et M. Hyde*, elle doit préparer la pièce d'Eugene O'Neill, *Anna Christie*, pièce dans laquelle elle va jouer à nouveau une femme de mauvaise vie. Et la presse ne tarit pas d'éloges sur elle en s'interrogeant ainsi : *Quoi de plus merveilleux que de découvrir Miss Bergman*[23] ? L'avant-première de la pièce, à laquelle assistent Lana Turner, Robert Benchley et Alfred Hitchcock, est un grand succès. Tous les soirs suivants, le théâtre doit refuser du monde.

L'année 1941 qui s'achève est sans doute celle de l'envol de la carrière d'Ingrid à Hollywood. Petter, qui a quitté définitivement la Suède pour s'installer avec sa femme en Amérique, est à présent le mari d'une star montante dont il doit plus que jamais épouser le mode de vie, les déplacements incessants et le faste qui les accompagne. Ingrid en a le vertige et elle ne peut croire à ce qui lui arrive. De nouveau, les enchères du succès montent d'un cran et, soudain, tout se précise.

Alors qu'Ernest Hemingway vient d'avoir un véritable coup de foudre pour son interprétation de *La Rançon du bonheur* et dit à qui veut l'entendre qu'il pense plus que jamais à Ingrid Bergman pour interpréter le personnage de Maria dans la future adaptation de son roman *Pour qui sonne le glas*, David Selznick est déjà en pourparlers avec le réalisateur Michael Curtiz. Celui-ci travaille sur un scénario des frères Epstein, l'histoire d'un amour écartelé par la guerre, qui se débat dans les méandres de la Résistance au cœur d'une ville du Maroc contrôlée par le gouvernement de Vichy : *Casablanca*.

23. Donald Spoto, *Ingrid Bergman*, p. 116.

IV

Les derniers mois de l'année 1941 sont paradoxalement assez calmes. Ils sont désespérément vides pour Ingrid qui vient de terminer les représentations d'*Anna Christie* et s'attendait à un enchaînement de mois de travail sans interruption. Mais il faut attendre. Attendre les négociations de David Selznick et le déblocage des budgets des différentes maisons de production.

Les deux projets à venir sont soudain retardés, le premier pour des raisons financières, le second parce que le scénario doit être retravaillé.

Ingrid rejoint Petter, qui vient de décider qu'elle et lui passeraient quelque temps en famille avec leur fille. Le couple s'installe dans une grande maison à Rochester, ville où Petter a repris ses études. Une nouvelle gouvernante américaine, Mabel, a été engagée par ses soins. C'est une femme sérieuse, très ordonnée, qui s'occupe à merveille de Pia.

Elle amène souvent l'enfant au parc, un immense jardin verdoyant qui borde le lac Ontario. Ingrid, qui préfère rester seule, s'occupe comme elle le peut de son intérieur. Les jours sans tournage l'inquiètent. Elle n'en voit plus la fin. Elle pense que tout peut s'arrêter. Cette angoisse de déplaire, de n'inspirer plus que de l'indifférence et enfin d'être abandonnée est une souffrance tenace qui ne la quitte pas. *Je ne supporte pas d'être inactive. En ces jours, plus que jamais, je ressens la nécessité de travailler, d'accomplir quelque chose. Je me sens très triste*[1].

La voici à présent condamnée à rester chez elle à ne rien faire. Elle tente de dédramatiser la situation. Après tout, bon nombre de femmes autour d'elle se contentent de leur vie domestique, attendant chaque jour leur mari à la maison. N'être qu'une simple ménagère n'a rien d'exceptionnel et rien de déshonorant. Mais c'est un sort qui va jusqu'à l'empêcher de dormir lorsqu'elle l'envisage pour elle-même. Tous les jours, elle rôde autour du téléphone en attendant que Selznick lui donne une date certaine de tournage. Au bout de plusieurs mois, elle commence sérieusement à se demander s'il n'a pas changé d'avis sur elle et ne lui a pas trouvé une remplaçante. Rien de ce qu'elle a autour d'elle ne parvient à l'apaiser.

Elle ressent assurément de l'amour pour sa fille, mais celui-ci est teinté de culpabilité, et elle souffre parfois d'un ineffable malaise lorsqu'elle est à son contact de façon prolongée. Ainsi, elle demande plusieurs fois par jour à la nourrice de sortir avec l'enfant. Petter, qui travaille dur pour obtenir son diplôme de médecine afin d'être autorisé à exercer aux États-Unis, est souvent absent. Ingrid peut passer tout le temps qu'elle veut avec Pia. Mais, si elle s'intéresse à elle, à son comportement, à ses jeux, à sa façon de s'inventer un monde, elle prend également la maternité pour ce qu'elle peut être au quotidien : une série de contraintes et de responsabilités lourdes à porter.

Le dévouement à l'enfant, les conseils et les réprimandes, les tâches invisibles de femme d'intérieur qui s'effacent en un

---

1. Donald SPOTO, *Ingrid Bergman*, p. 126.

instant ne peuvent, en toute honnêteté, même avec tout l'amour du monde, lui procurer autant de plaisir que l'éblouissement du jeu d'actrice. Une fois de plus et de peur d'être gommée, avalée dans ce monde du travail ingrat et anonyme, elle se désespère, elle mange, elle grossit. À Ruth Roberts, son professeur d'anglais devenue sa principale confidente, elle écrit : *Je suis comme folle, je mange, je mange, comme si j'avais toute une barrique à remplir. Je crois que j'ai tout essayé pour arrêter*[2].

Petter tente tant bien que mal de mettre sa femme au régime et de lui faire faire de l'exercice. Mais ses efforts ne font qu'empirer l'état d'Ingrid, pour qui la nourriture est bientôt devenue synonyme d'une opposition à son mari, opposition qu'elle n'ose pas formuler directement et qu'elle cherche à exprimer malgré tout.

À mesure que les mois passent, elle s'enfonce dans ce qui ressemble à une dépression. Elle tourne en rond, s'échappe de la maison puis revient, résignée, sans pouvoir s'expliquer. Privée de sa passion de jouer, elle ne se sent plus vivre, ne peut plus sortir de l'obsession de sa propre chute.

Parfois, elle se tait pendant des journées entières, ne peut plus s'adresser ni à son mari, ni à sa fille.

Cette vie d'attente a commencé au mois d'octobre 1941. Au mois de mars 1942, le téléphone n'a toujours pas sonné. Ingrid se morfond.

Selznick ne répond pas à ses lettres. Comment peut-il lui témoigner autant de mépris ? Elle se met à haïr cet homme qu'elle a tant aimé. Il lui avait promis de réaliser son rêve de jouer Jeanne d'Arc. Le projet est resté lettre morte. Et, à présent, il n'est peut-être plus question de jouer du tout.

Enfin, le téléphone sonne. Le 21 avril 1942, Ingrid a la confirmation qu'elle tournera bientôt *Casablanca* avec Michael

2. Ingrid BERGMAN, Alan BURGESS, *Ma vie*, p. 131.

Curtiz. Déjà, on a négocié le contrat de son futur partenaire, Humphrey Bogart. Elle ne sait rien de plus, dans les premiers temps, mais son apathie mortifère fait place à un accès d'impatience et d'euphorie d'une violence rare. La joie retrouvée de celle qui se croyait abandonnée pour de bon rejaillit sur son visage et son corps. Du jour au lendemain, elle rayonne, perd tout appétit et se consume. Elle peut à peine contenir cette joie, se prépare déjà à quitter ce foyer qui l'écœure pour retrouver le chemin de l'extérieur, du jeu, celui qu'elle a choisi.

Elle est d'autant plus éclatante qu'elle a cru s'éteindre. Elle se sent à présent comme une femme à qui tout réussit, comme si tous les moments d'angoisse l'avaient quittée pour ne plus jamais reparaître.

Ce bonheur retrouvé se perçoit dans *Casablanca*, où Ingrid, âgée d'à peine vingt-sept ans, est sans doute au sommet de sa beauté. Svelte, rayonnante dans ses tailleurs clairs et ses chapeaux lisses qui subliment son teint et les expressions de son visage, elle fait également preuve d'une assurance et d'une maturité nouvelles qui en feront, dans ce film qui connaîtra un succès immédiat, l'incarnation de la grâce et du chic féminins.

Le tournage de *Casablanca* est toutefois éprouvant, le scénario n'étant pas fixé alors que débutent les premières prises. La fameuse scène finale se décide au tout dernier moment. Cette incertitude est assez difficile à gérer pour les acteurs. Ingrid ne sait pas si, oui ou non, elle doit sembler amoureuse en regardant chacun de ses deux partenaires, Humphrey Bogart et Paul Henreid. Par ailleurs, elle n'est pas très enthousiasmée par son personnage de belle femme tirée à quatre épingles qui suscite la passion. Elle apprécie Michael Curtiz et finit par prendre un certain plaisir à tourner avec lui, mais sans ressentir d'admiration particulière à son égard.

À la surprise générale, le film devient mythique. Et, si son élaboration ne constitue pas pour Ingrid une expérience exceptionnelle, il n'en reste pas moins qu'il la consacre définitivement aux yeux du public.

Casablanca, tourné en 1942, est un film qui ne joue pas comme les autres le jeu de la distraction et n'élude pas le sujet de la guerre qui bouleverse le monde. En intégrant son côté tragique, il la sublime dans un lieu exotique et une histoire d'amour passionnée. Réussissant ce pari d'un mélange déroutant, il transporte les foules. Et il propulse Ingrid au sommet.

Une chose, néanmoins, l'a inquiétée durant le tournage. À peine a-t-elle été rassurée de tourner à nouveau qu'elle meurt d'inquiétude à l'idée de ne pas tourner dans la prochaine adaptation du roman d'Ernest Hemingway, *Pour qui sonne le glas*. En effet, la Paramount, qui produit le film, a déjà déboursé une grosse somme d'argent pour *louer* Gary Cooper à la Metro Goldwyn Mayer et n'a bientôt plus un sou pour *s'offrir* Ingrid Bergman, qu'Hemingway lui-même avait pourtant choisie pour le rôle.

On pense alors, pour interpréter le principal personnage féminin, jeune, frêle et mince, à la jeune Vera Zorina, une ballerine célèbre qui fait ses débuts au cinéma. Elle commence à tourner des bouts d'essais. Ingrid, qui rêvait depuis près d'un an de jouer le rôle de Maria, est extrêmement déçue. Elle maudit les hommes d'affaires, leur obsession du gain et l'incohérence de la machine des productions hollywoodiennes.

Fort heureusement pour elle, Vera Zorina ne fait pas l'affaire. Gracile, extrêmement douée pour les ballets, elle fait des merveilles sur une scène et son corps irradie les spectateurs. Mais sa beauté est celle d'une danseuse, une beauté dynamique qui s'apprécie dans l'action et dans son ensemble. Sur les photographies, son visage, qui habituellement s'anime et s'embellit dans le feu des chorégraphies, ne rend rien. Il ne prend pas la lumière. Les gros plans ne la montrent pas à son avantage.

Par ailleurs, les scènes du film se tournent dans la montagne, dans des chemins tortueux, pentus et escarpés, ce qui lui fait craindre pour ses jambes dont dépendent ses performances sur scène. On décide alors, après mûre réflexion, de ne pas lui confier le rôle.

C'est donc après des hésitations et des négociations acharnées qu'Ingrid est enfin officiellement choisie pour jouer Maria. Ce rôle, elle en rêve, d'abord parce qu'elle a rencontré l'auteur de *Pour qui sonne le glas*, Ernest Hemingway, un homme d'une exceptionnelle culture et d'une ouverture d'esprit hors du commun, mais aussi parce qu'elle a lu son livre. Elle y a découvert un personnage féminin parfaitement inédit.

Maria est une jeune femme qui, en pleine guerre d'Espagne, a rejoint un groupe de républicains en fuite dans les montagnes pour combattre les fascistes. Alors qu'elle aide ces combattants, elle rencontre un agent américain venu leur prêter main-forte. Les deux personnages tombent follement amoureux, malgré la violence des combats et la menace omniprésente du destin funeste qui plane sur eux.

Certes, il y a, dans ce personnage de femme combattante, la particularité de mener ce que l'on pourrait appeler communément une *vie d'homme*. Mais il y a autre chose. Hemingway va plus loin lorsqu'il imagine Maria. Comme la plupart de ses personnages féminins, elle a un côté androgyne qui la rend troublante. Hemingway se désintéresse de la féminité stéréotypée, de la sensualité lourde, des attributs sexuels et des accessoires qui entravent les mouvements. Au contraire, il imagine les femmes libres, et ce, dans ses livres, en dépit des efforts obstinés des hommes pour les enchaîner. Dans le cas de Maria, ce côté transparaît âprement.

Sa chevelure est courte. Ses cheveux, qui commencent seulement à repousser, lui ont été rasés par des ennemis qui ont attaqué le village où son père était maire républicain. Pendant l'attaque du village, Maria a donc été tondue, mais elle a également été violée par les fascistes. Il n'est pas évident, à cette époque, de prêter vie à un tel personnage, de lui donner une consistance et d'en faire une femme qui raconte son agression, qui souffre mais qui peut aussi rire, aimer, se faire aimer en retour bien qu'elle ait été ainsi violentée. Sa féminité lui a été comme arrachée de force, mais elle n'en est pas diminuée. Elle a su trouver une liberté bien à elle et ne cesse jamais d'incarner la pureté.

Maria est une survivante, mais elle n'est pas la parfaite victime traumatisée, vouée à l'autodestruction, que l'auteur aurait pu peindre sans grande imagination. Elle sait retrouver des forces, refaire sa vie et la prendre en main. Elle incarne en quelque sorte la revanche de la féminité forte et batailleuse sur l'acharnement haineux des hommes à la détruire. Aussi Ingrid s'enthousiasme-t-elle pour ce rôle comme rarement auparavant. Lorsqu'elle tourne enfin les premiers bouts d'essais, elle attend la réponse de Sam Wood, le réalisateur, avec une impatience intenable. *Je n'oublierai jamais ce dimanche-là. Je l'ai passé à côté du téléphone à attendre qu'il veuille bien sonner. J'étais incapable de manger, incapable de boire. Je fixais l'appareil comme si c'était un serpent sur le point d'attaquer*[3]. Lorsqu'elle apprend qu'elle a le rôle, elle passe une fois de plus de l'angoisse maladive à la jubilation la plus folle.

La joie d'Ingrid est indubitable mais le film, dont les images sombres s'accordent avec le caractère tragique de l'histoire, est profondément triste.

Certains critiques lui trouvent quelques longueurs. D'autres le portent aux nues et lui reconnaissent une fidélité parfaite à

---

3. Ingrid Bergman, Alan Burgess, *Ma vie*, p. 144.

l'œuvre d'Hemingway. Mais l'auteur lui-même est plus dubitatif et met un certain temps avant de s'y accoutumer.

Cependant, chacun reconnaît une fois de plus le talent d'Ingrid Bergman, bouleversante dans ce rôle si particulier. Les cheveux qu'elle porte courts lui vont à merveille, tant et si bien que sa coupe devient un véritable phénomène de mode qui fait augmenter significativement la fréquentation féminine des salons de coiffure.

Quant au tournage lui-même, il est assez déplaisant, car Sam Wood donne peu d'indications à ses acteurs. Mais Ingrid y rencontre Gary Cooper, qu'elle trouve particulièrement séduisant, et avec lequel il est possible qu'elle ait eu une aventure. Celle-ci est peut-être brièvement suggérée dans le livre qu'elle écrit avec Alan Burgess entre 1976 et 1980, cependant il ne donne aucun détail sur ce point. Il est vrai que la vigilante mémoire de la jeune femme lui donnerait la possibilité d'entretenir de nombreuses liaisons sans être découverte et sans laisser de traces. Ingrid ne livre jamais la nature de ses sentiments pour son partenaire. Il est probable que les deux acteurs, tous deux très attirants, aient partagé une sorte de fascination mutuelle et se soient au moins lancés dans un jeu de séduction. Du point de vue d'Ingrid, ce jeu ne semble pas porter à conséquence. Mais il n'en demeure, là encore, aucune preuve sérieuse.

Si les critiques de *Pour qui sonne le glas* sont partagées, si le film cumule les maladresses, si la musique sirupeuse ou brutale est asphyxiante et certains personnages sont caricaturaux, ce premier long-métrage en couleurs d'Ingrid Bergman marque son époque. Il vaudra d'ailleurs à l'actrice une nomination aux Oscars, alors que, l'année suivante, c'est *Casablanca* qui remportera l'Oscar du meilleur film. À partir de ce moment, il n'y a plus de temps vides dans la vie professionnelle d'Ingrid. Les tournages vont se succéder, et David Selznick pressent, à juste titre, pour la jeune star de vingt-huit ans, une consécration prochaine par l'Académie.

Durant ces années de succès, les choses continuent de se dégrader avec Petter. Ingrid en a de plus en plus conscience, notamment au contact du nouveau directeur de la publicité de la Selznick International, Joe H. Steele, qui devient pour elle un assistant personnel et bientôt un ami qu'elle affectionne beaucoup. Tombé, pour sa part, fou amoureux d'Ingrid peu après sa première rencontre avec elle, il se résigne, étant marié et ne lui plaisant vraisemblablement pas physiquement, à une relation platonique par laquelle il peut lui apporter toute l'estime dont elle a besoin, estime que Petter se refuse à lui donner.

En 1943, ce dernier vient d'obtenir son diplôme de médecine à l'Université de Rochester. Il ne touche pas encore de salaire et c'est Ingrid qui subvient entièrement à tous les besoins du foyer.

C'est lui, cependant, qui gère en totalité les ressources du ménage. Pire, il ne laisse aucun argent à sa femme et paie ses rares dépenses personnelles au compte-gouttes. Celle-ci est traitée comme une enfant à qui l'on accorde un peu d'argent de poche, le plus souvent, d'ailleurs, de bien mauvaise grâce.

Un jour, Joe Steele suggère à Ingrid de s'acheter deux ou trois nouvelles tenues que nécessitent les sorties promotionnelles des nouveaux films.

Ingrid, spontanément, lui répond qu'elle n'a pas d'argent. Devant l'incompréhension de Steele et ses marques d'étonnement, elle se décide cependant à se faire accompagner dans quelques grands magasins de New York pour acheter trois tenues de qualité qui lui plaisent. Elle doit alors demander à Petter de payer la facture. Celui-ci soupire et la réprimande durement pour ses excès. Joe Steele ne fait aucun commentaire, il écoute Ingrid se confondre en excuses, tout en bouillant intérieurement. Il la regarde et lui sourit. Sa façon de la comprendre en silence, son air attentif et désolé en disent long.

À travers ce nouveau regard masculin entré dans sa vie, admiratif et bienveillant, elle comprend davantage l'état de dépendance dans lequel son mari la retient.

Elle essuie ses critiques avec de plus en plus de peine. Il lui reproche sans arrêt de parler trop et trop fort, de boire trop et de se faire remarquer durant les réceptions. Sans doute souhaiterait-il qu'elle fasse preuve d'un effacement qui pourrait compenser son exposition médiatique : il attend de sa femme qu'elle incarne la discrétion, la pudeur, la timidité. Tout ce qui ferait d'elle une épouse convenable, c'est-à-dire inexistante.

Lorsqu'elle est en société, Ingrid se sent en permanence observée, jugée, et finit par se percevoir elle-même comme une femme bruyante, lourdaude et idiote. Par ailleurs, les efforts qu'elle fait pour se sentir mère semblent être, à travers le regard de son mari, des échecs perpétuels. Petter est toujours directif vis-à-vis de sa femme qu'il juge trop permissive, trop généreuse ou négligente. Ingrid en devient alors plus distante. Blessée, elle se sent impuissante à élever sa fille comme elle l'entend. Il lui semble que Petter la dépossède de son enfant, sur laquelle elle peine à imprimer sa marque et son amour. Toute forme de spontanéité lui est refusée. Sa parole en tant que figure d'autorité n'a aucune valeur, car l'enfant doit, avant d'entreprendre quoi que ce soit, demander la permission à son père, celle que lui donne sa mère ne comptant pour rien.

Enfin, Petter contrôle de plus en plus le poids d'Ingrid. Elle s'efforce, devant lui, de manger à peine. Mais, dès qu'il ne la voit plus, elle se précipite pour récupérer le paquet de gâteaux qu'elle a soigneusement caché dans sa chambre. Elle s'épaissit. Et, plus elle grossit, plus elle est réprimandée comme une enfant. Plus elle est réprimandée, plus elle se sent dépossédée d'elle-même, plus elle tente de se réapproprier ce qu'elle est par la nourriture, plus elle grossit encore et encore.

L'ambiance familiale n'en est que plus intenable. Chaque jour, Ingrid pense de plus en plus à s'échapper, à prendre sa revanche sur son mari.

L'occasion qui lui en sera donnée va l'être, une fois de plus, indirectement et par le cinéma.

Depuis plusieurs mois, elle s'est enthousiasmée pour une pièce de Patrick Hamilton, *Hantise*, qu'elle souhaitait voir adapter à l'écran, surtout parce qu'elle rêvait d'interpréter le rôle de Paula, le fascinant personnage féminin de la pièce. Au théâtre, c'est Vincent Price qui interprétait le rôle du machiavélique personnage masculin, Gregory Anton.

L'intrigue en elle-même est angoissante et le suspense, présent d'un bout à l'autre, se diffuse avec une habileté magistrale. L'histoire de *Hantise* est celle de Paula Alquist qui, alors qu'elle est encore une très jeune fille, s'est enfuie de Londres après le mystérieux assassinat de sa tante Alice. Établie depuis dix ans en Italie, elle y rencontre un pianiste, Gregory Anton, qui l'accompagne lorsqu'elle chante. Elle en tombe amoureuse, il lui fait la cour, elle l'épouse. Par amour pour lui, elle se laisse convaincre de revenir habiter dans la maison où sa tante a été étranglée. Mais le bonheur laisse très vite place à une atmosphère extrêmement pesante. À peine installé à Londres, Gregory commence à se montrer de plus en plus distant avec sa femme et l'accuse de perdre la tête. Peu à peu, Paula se laisse happer par ses accusations et se met à douter de sa propre santé mentale. En réalité, le mari manipulateur, avec la complicité d'une soubrette mal intentionnée, souhaite avant tout prendre le contrôle sur sa femme, l'empêcher de sortir, la convaincre de sa propre folie pour mieux cacher sa véritable identité et mettre la main sur la fortune que sa tante a cachée dans la maison.

C'est George Cukor, qui a déjà fait ses preuves avec *Les Quatre Filles du docteur March* mais aussi en participant à la réalisation d'*Autant en emporte le vent*, qui décide de réaliser le film avec Charles Boyer et Ingrid Bergman.

L'alchimie entre les deux acteurs est frappante dès les premiers rushes. Le résultat est au-delà des espérances de Cukor et de Selznick. Le suspense et le malaise, restitués à merveille sur la pellicule, font du film un chef-d'œuvre d'angoisse sublimé par le huis clos. Et le personnage d'une morte présente à chaque instant fait de *Hantise* un film qui n'a rien à envier à un chef-d'œuvre tel que *Rebecca*, sorti quatre ans plus tôt.

Le tournage, cette fois-ci, se passe pour le mieux. Charles Boyer, excellent acteur de théâtre et de cinéma qui a brillé dans le rôle de Napoléon aux côtés de Greta Garbo dans *Marie Walewska* et vient de recevoir un Oscar d'honneur, interprète avec brio son personnage sombre et vicieux à souhait. Il est incroyablement à son aise dans son rôle de mari diabolique.

Un autre personnage savoureux est celui de la soubrette malveillante et jalouse de la maîtresse de maison, interprété par la toute jeune Angela Lansbury, âgée de dix-sept ans, qui excelle dans son rôle de garce mesquine et servile. Des années plus tard, le film n'a pas pris une ride et le suspense fait toujours son effet.

Quant à Ingrid, d'abord sublimée par la mise en scène, les magnifiques jeux d'éclairage, elle apparaît diaphane et torturée. Elle interprète avec un talent indéniable une femme forte mais manipulée, sombrant peu à peu dans la dépression et perdant toute confiance en elle.

La trouvaille et l'originalité du scénario tiennent notamment au fait que la femme anéantie parvient à triompher de son mari odieux.

Dans une atmosphère suffocante, la jeune mariée, aidée par un détective, réussit finalement à confondre l'ignoble Gregory Anton.

Il est difficile pour le spectateur, qui a accumulé de la compassion pour la victime et de la rancœur à l'égard du bourreau, de ne pas jubiler à la fin du film, lorsque les rôles s'inversent et que Paula fait preuve de la même perversion froide face à son mari qui, pris au piège et ligoté sur une chaise, la supplie en vain de l'aider.

La force de cette revanche est portée par Ingrid avec beaucoup de conviction. Malgré le côté extrême et théâtral de cette scène, on ne peut s'empêcher de faire un parallèle entre le personnage de cette femme accablée par un mari abject qui a entrepris de contrôler chacun de ses gestes et l'actrice tourmentée quotidiennement par ce Petter Lindström qu'elle supporte de moins en moins, à qui elle rêve secrètement de dire enfin le sentiment d'usure qu'elle a accumulé depuis sept ans de mariage.

Alors que les mois passent, les événements qui séparent Petter et Ingrid repoussent ce qui apparaît comme l'issue la plus probable de la situation : le divorce. Le mot a déjà été prononcé par Ingrid mais Petter en a ri. Il a balayé cette menace d'un revers de main. Elle est due, selon lui, à l'impulsivité stupide de sa femme. Le dialogue ne se noue pas. Rien ne semble pouvoir s'arranger pour les Lindström.

Mais le tourbillon médiatique qui les emporte à nouveau achève de dissiper leurs discussions. Le couple est happé tout d'abord par le succès triomphal d'Ingrid qui, le 15 mars 1945, se voit décerner l'Oscar de la meilleure actrice pour sa performance dans *Hantise*, le premier des trois qu'elle recevra au cours de sa carrière.

Elle a déjà entamé d'autres tournages et n'a plus une minute à elle. Après *L'Intrigante de Saratoga*, elle vient de terminer celui de *La Maison du docteur Edwardes*, d'Alfred Hitchcock, avec Gregory Peck, et commence tout juste celui des *Cloches de Sainte-Marie*, film réalisé par Leo McCarey dans lequel elle a pour partenaire Bing Crosby.

Par ailleurs, Petter, à présent diplômé de médecine, a entrepris de quitter Rochester pour la Californie, souhaitant compléter sa formation pour devenir interne en neurochirurgie tout en restant près de Hollywood. Il a donc décidé d'acheter une grande et luxueuse maison sur Benedict Canyon à Beverly Hills, ce qu'il fera uniquement avec l'argent de sa femme. La maison, qui ressemble à un chalet, ornée de poutres apparentes et magnifiquement meublée, est heureusement au goût d'Ingrid. Le couple, occupé à déménager, en oublie encore un instant ses problèmes. Les centaines de lettres qui assaillent la nouvelle demeure pour féliciter Ingrid de sa victoire à la cérémonie des Oscars achèvent de repousser les conflits personnels, noyés sous le bonheur explosif et fugace du succès.

Prise simultanément dans sa réussite grandissante et son impasse sentimentale avec Petter, Ingrid fuit, s'étourdit. Elle prend de plus en plus de liberté, de plus en plus de risques, cherchant à tout prix une échappatoire à son mariage qui s'effrite. Les nouvelles rencontres qu'elle fera durant cette année 1945 seront décisives pour elle, alors que le printemps s'achève et qu'elle quitte un instant les États-Unis pour rejoindre l'Europe.

S'il est vrai qu'elle est de plus en plus accaparée par les tournages et les promotions, elle est aussi sollicitée pour rendre visite aux soldats toujours mobilisés par la guerre. Après une expédition en Alaska en plein cœur de la guerre pour distraire et réconforter les troupes, qui lui a valu une double pneumonie, c'est au début du mois de juin 1945 qu'elle part pour l'Europe avec Jack Benny, Martha Tilton et Larry Adler pour rejoindre les Américains en Allemagne.

Alors qu'elle passe la nuit qui précède son arrivée à Berlin au Ritz, à Paris, elle fait la connaissance d'Irwin Shaw, scénariste et producteur, rieur, aimable, et de Robert Capa, photographe solitaire et aventurier, aux sourcils noirs et aux yeux plissés, cigarette au coin de la bouche et visage buriné.

Ingrid dîne avec les deux hommes, passe une très bonne soirée, puis rejoint sa chambre et part pour Berlin le lendemain.

Là-bas, elle trouve un pays en ruines. Elle distrait les soldats en exécutant une danse avec ses partenaires et en parodiant une scène du film *Hantise*.

Puis elle retrouve Robert Capa, lui aussi parti en Allemagne, et tous deux se promènent dans Berlin. La ville n'est plus qu'un amas de gravats et de tôles froissées.

Robert Capa, de son vrai nom Endre Friedmann, est un reporter hongrois particulièrement doué. Il s'est fait connaître dans les années trente. Il a su filmer les premiers combats des républicains contre le fascisme en Espagne. Il les a parfois mis en scène. On lui doit des photos célèbres et terribles, comme celle d'un soldat républicain espagnol, prise en plein vol alors qu'il tombe, atteint d'une balle dans la tête. Il est aussi l'auteur de la photo choquante d'un enfant chinois qui, durant la seconde guerre sino-japonaise, est habillé en militaire, photo qui fait la couverture de *Life*. On lui doit également celle de la scène hideuse du lynchage d'une femme et d'un nourrisson de quelques mois dans la France de la Libération, *La Tondue de Chartres*. Le reporter a toujours su croquer la guerre, la cruauté, la lâcheté, l'imbécillité des hommes.

Il a su également montrer leur peur et leur courage.

En 1944, il s'est porté volontaire pour filmer le débarquement à Omaha Beach. Il a fait preuve d'une grande audace, d'une personnalité forte et d'une innovation incontestable dans sa façon de photographier les visages et les corps au plus près de l'action.

Il a été très affecté par la mort de sa compagne, Gerda Taro, une femme incroyablement intelligente qui a été en quelque sorte son mentor pendant de nombreuses années. Ancien membre du parti communiste allemand ayant fui le nazisme, elle a été tuée accidentellement par un char. Il garde de cette blessure, ainsi que des images entêtantes de la guerre qui ne le quittent pas, un penchant malheureux pour l'alcool dont il ne se défera jamais. Séduisant, il est loin d'être un jeune premier au physique lisse. Ses traits sont marqués, ses sourcils broussailleux se rejoignent entre ses yeux. Il se saoule bien souvent et peut se montrer parfois entêté, exaspérant.

Mais il plaît à Ingrid. Elle aime en lui l'indépendance qu'elle n'a pas. Elle admire son courage, son désespoir entier, cynique, sa fausse désinvolture qui cache son anxiété. Lui-même, derrière ses allures de play-boy et de mauvais garçon qu'il cultive à outrance, tombe amoureux d'Ingrid. Les deux jeunes gens ont une liaison qui commence en Europe, à l'été 1945. Dans ses mémoires, Ingrid admet, en quelques lignes, avoir eu cette aventure avec le photographe. Il faut dire que Capa a publié des années plus tôt une autobiographie dans laquelle il a détaillé cette liaison passionnée. Cette histoire est donc de notoriété publique, il est inutile de la nier. Mais il est probable que, sans cette confession publique de son ancien amant, Ingrid n'en aurait rien dit.

Car elle ne fait aucune allusion, par exemple, à la liaison qu'elle a probablement entamée, presque simultanément, avec le musicien Larry Adler, avec lequel elle s'est produite en tournée, lorsqu'elle a rendu visite aux troupes américaines.

Il s'agit d'un compositeur de talent, harmoniste exceptionnel, autodidacte, sous contrat avec la Paramount Pictures. Il est l'auteur de centaines de bandes originales de films.

Discret, sensible, il est d'une douceur rare et s'éprend passionnément d'Ingrid. Son visage aux yeux ronds qui semblent perpétuellement étonnés est empreint d'une mélancolie étrange qu'il dissimule sous un humour triste et chaleureux. Comme Ingrid, il est marié. Mais il se ronge d'amour pour elle et souffre de cette histoire impossible.

Toutefois, il semble que la relation d'Ingrid avec Capa ait eu un impact plus net sur le cours de sa vie. Cette liaison qui, par bonheur, n'a été découverte que des années plus tard, a cependant été connue de quelques amis de l'actrice, inspirant fortement le futur film d'Hitchcock, *Fenêtre sur cour*.

Par ailleurs, Capa exercera une influence considérable sur la culture de la jeune femme, culture qu'il prendra soin d'enrichir. Et c'est sur ses conseils qu'Ingrid ira voir, dans un petit cinéma de quartier, le film *Rome, ville ouverte*, pour visionner enfin une des œuvres d'un cinéaste que son amant tient en très haute estime : Roberto Rossellini.

V

C'est par David Selznick qu'Ingrid a rencontré Alfred
Hitchcock. Depuis quelques années, déjà, tous deux se connaissent
de vue, échangent quelques plaisanteries courtoises et s'apprécient. Hitchcock aime l'allure d'Ingrid. Il est fasciné par la
tendresse et le mystère de cette femme qui finit par l'obséder.

L'ayant plusieurs fois observée en société, il a toujours eu le
sentiment qu'elle était malheureuse et souffrait de l'ascendance
de son mari. Elle semble être tenaillée par une peine silencieuse.
En un sens, elle a naturellement quelque chose de la parfaite
héroïne hitchcockienne.

Blonde, diaphane, mélancolique, elle a un air rêveur. Elle sait
faire preuve de sang-froid et d'aplomb dans son métier mais
paraît également en proie à une détresse palpable. Le réalisateur
en est immédiatement touché.

Très vite naît entre Ingrid et lui une véritable entente et un
attachement durable. Lorsque Hitchcock, cédant à l'un de ses
coups de cœur, achète les droits du roman publié sous le nom
de Francis Beeding en 1927, *La Maison du docteur Edwardes*,
c'est spontanément qu'il pense à Ingrid pour le rôle du docteur

Petersen, une femme accomplie qui, au milieu de ses collègues masculins, va tirer son épingle du jeu et parvenir à résoudre une enquête criminelle.

Dans *La Maison du docteur Edwardes*, Constance Petersen travaille dans un établissement psychiatrique dirigé par le docteur Murchison qui est sur le point de partir en retraite et doit être remplacé par le jeune Anthony Edwardes. Mais ce nouveau directeur, qui a un comportement étrange et dont la vue de lignes parallèles provoque des crises d'angoisse irrépressibles, s'avère être un amnésique suspecté d'avoir fait disparaître le véritable docteur Edwardes. Constance Peterson, qui en est tombée inconditionnellement amoureuse, va l'aider à retrouver son identité. Ensemble, ils vont tenter de découvrir qui a effectivement assassiné le docteur.

À la lecture du scénario, Ingrid est dubitative. Elle qui est perpétuellement ramenée à son statut de vedette écervelée par son mari médecin se sent incapable d'interpréter une femme cérébrale si éloignée de ce qu'elle pense être elle-même. Elle juge d'ailleurs que l'intelligence et la culture sont profondément incompatibles avec l'amour passionnel. Elle dit à Selznick vouloir refuser le rôle. *Je ne ferai pas ce film. Car je ne crois pas à l'histoire d'amour. L'héroïne est une intellectuelle, et il est tout simplement impossible qu'une intellectuelle tombe aussi profondément amoureuse*[1].

Pour elle, si la féminité s'embarrasse de connaissances, elle se dénature, elle ne peut plus exister à part entière et s'épanouir dans l'amour, qui relève de son identité profonde. Il n'y a pas pour cela besoin de blâmer son mari et les préjugés qu'il cultive en elle. Ingrid partage simplement les idées de son époque.

---

1. Donald SPOTO, *Ingrid Bergman*, p. 164.

Mais Hitchcock ne l'entend pas de cette oreille. Il parvient à la convaincre et, bientôt, les premiers bouts d'essais sont tournés.

De jour en jour, il ressent pour sa nouvelle vedette une passion qu'il ne peut cacher. Bientôt, tout le plateau est au courant. Ingrid, elle, n'a que de l'admiration pour cet homme si peu attirant physiquement dont elle reconnaît pourtant le génie. Mais elle souffre de le voir souffrir car elle a pour lui une tendresse infinie. Aussi le tournage se passe-t-il dans une sorte de tension d'amour contrarié qui se ressent au quotidien. Pour ne rien arranger, Ingrid est également tourmentée par son histoire avec Robert Capa.

Néanmoins, le plaisir de jouer, la passion du travail sont là, des deux côtés. Le film, qui compte des moments animés de dessins de Salvador Dali, représentant les rêves et les fantasmes des personnages, est de toute évidence d'un genre inédit, d'autant qu'il traite de la psychanalyse, dont les termes et les procédés sont encore peu connus du grand public.

La collaboration entre Hitchcock et Ingrid Bergman fait réellement des miracles. Ingrid offre à voir au spectateur un personnage original, fort, intelligent, un sujet désirant qui s'accorde avec une beauté physique remarquable. *La Maison du docteur Edwardes* est un triomphe et rapporte plusieurs millions de dollars. Le *Time Magazine* reconnaît le talent du réalisateur. *Grâce à l'habileté et au génie d'Hitchcock,* La Maison du docteur Edwardes *s'élève nettement au-dessus du thriller moyen*[2].

David Selznick, qui espère renouveler cet exploit et pense déjà aux prochaines recettes extravagantes d'un nouveau succès, encourage Hitchcock à retenter l'expérience le plus tôt possible.

2. *Ibid.*, p. 169.

Ainsi, il réunit de nouveau le scénariste de *La Maison du docteur Edwardes* et Ingrid pour tourner *Les Enchaînés*. Il décide cette fois d'associer son actrice vedette à l'acteur Cary Grant, dont la filmographie est déjà impressionnante.

L'histoire des *Enchaînés*, qui se passe principalement en Amérique latine, commence lorsqu'un espion nazi qui a sévi aux États-Unis est condamné par la justice américaine pour trahison. Sa fille, dont le rôle est confié à Ingrid, est alors approchée par un agent secret américain, interprété par Cary Grant. L'agent tente de la convaincre de servir d'appât pour surveiller un ancien nazi exilé au Brésil. Elle va jusqu'à faire semblant d'aimer cet homme et l'épouse, ce qui rend terriblement jaloux l'agent secret américain qui est tombé amoureux d'elle.

Là encore, le suspense est de mise. La fameuse scène du bal où les deux espions sont à la recherche d'une bouteille de vin remplie d'uranium dans la cave, tremblant à chaque seconde de peur que le maître de maison ne se décide à descendre chercher du champagne, brille par son intensité dramatique.

C'est dans *Les Enchaînés* qu'Hitchcock fait s'embrasser Ingrid et Cary pendant quinze secondes au lieu des trois officiellement autorisées. Le baiser interminable s'entrecoupe de pauses, de gestes de tendresse, de mordillage d'oreilles et autres mots doux échangés entre les deux personnages. Cette scène, tournée sur le balcon d'un hôtel face à la mer, demeure l'une des plus célèbres et des plus osées du cinéma de l'époque. Une fois de plus, le film est un triomphe et rapporte une fortune à David Selznick.

Ingrid est de nouveau portée aux nues. Comme d'habitude, les critiques ne tarissent pas d'éloges à son sujet. Elle qui, par moments, est traversée de doutes insupportables, en ressent une sorte de malaise. Elle a le sentiment, parfois, de n'avoir jamais cessé d'être l'adolescente trop grande et maladroite qui faisait rire ses cousins, celle qui continue de faire sourire son mari. Tous les journaux vantent son élégance, son talent, sa subtilité.

Il faut dire qu'entre-temps, elle a encore élargi son répertoire de comédienne. Alors qu'elle vient de recevoir son Oscar, elle a tourné avec Sam Wood *L'Intrigante de Saratoga*, un film long et indigeste mais dans lequel elle a encore et toujours brillé. Par ailleurs, elle a interprété une religieuse fraîche et enjouée dans *Les Cloches de Sainte-Marie*, aux côtés de Bing Crosby, ce qui lui a valu une nouvelle nomination aux Oscars pour la troisième année consécutive. Ce film avec Crosby a fait grand bruit. Ingrid a même de nouveau déclenché un étrange phénomène de mode, suscitant chez des milliers de jeunes filles des vocations religieuses, parfois au grand désespoir de leurs parents.

Avec ce rôle de sœur Mary Benedict, Ingrid semble être devenue une icône intouchable. Le magazine *Look* lui consacre quatre grandes pages en couleurs, la faisant poser en tenue de religieuse, comme si la distance entre le personnage magnifié du film et l'actrice avait été gommée dans l'esprit collectif. Quoi qu'elle entreprenne, le succès et les compliments sont au rendez-vous. Mais, cette fois-ci, semble-t-il, elle cristallise des sentiments si forts qu'ils la dépassent et l'effraient.

Le monde l'idéalise alors que son mari la méprise toujours un peu. Par ailleurs, alors qu'elle incarne à l'écran une vierge sereine et apaisée, elle est une femme adultère anxieuse qui vit une relation de plus en plus prenante avec Robert Capa.

Amoureux d'elle mais aussi sans le sou et désœuvré à présent que la guerre est finie, il l'a rejointe en Amérique et s'est installé à l'hôtel.

Ingrid le retrouve dès que son emploi du temps le permet. Joe Steele, son ami fidèle, tente de la mettre en garde mais elle semble prendre des risques presque volontairement, comme si elle attendait secrètement d'être délivrée du mensonge par un incident qui ruinerait peut-être sa réputation et sa carrière mais sauverait son intégrité, ferait éclater sa souffrance et l'ennui profond que suscite sa vie conjugale. *Je crois que j'attendais que quelqu'un arrive et m'arrache à ce mariage dont je n'avais pas la force de sortir toute seule*[3].

L'année 1946 marque sans aucun doute un tournant majeur dans sa vie, car elle est celle qui, pour la première fois, peut-être, lui fait réellement goûter à l'indépendance.

Celle-ci s'affirme tout d'abord alors qu'elle signe un contrat avec le metteur en scène de théâtre Maxwell Anderson, qui monte *Jeanne la Lorraine*. Des années durant, elle a tenté de jouer le rôle de Jeanne d'Arc, elle en a parlé autour d'elle à tous les metteurs en scène qu'elle a rencontrés, elle a supplié David Selznick de monter le projet. En vain.

Chaque fois, Selznick a répondu que ce n'était pas le moment. D'abord, il lui a dit que les plans avaient été abandonnés faute de moyens. Ensuite, pendant la guerre, il lui a donné comme argument principal la piètre image que les Américains avaient des Français, perçus comme des lâches collaborant avec l'ennemi, lui expliquant qu'il serait malvenu de représenter une héroïne française se battant contre leurs alliés anglais.

Mais, alors qu'en cette année 1946 le contrat de sept ans qu'Ingrid a signé avec la Selznick International arrive à expiration, elle peut se permettre de faire ce qui lui plaît. Par ailleurs et pour la première fois de sa vie, elle a signé un nouveau contrat sans demander son avis à Petter.

Elle a pris aussi une autre décision importante. En attendant les quelques mois qui la séparent des répétitions de *Jeanne la Lorraine*, elle choisit de tourner son premier film en tant qu'actrice indépendante. Ce film est *Arc de triomphe* de Lewis Milestone.

---

3. Ingrid BERGMAN, Alan BURGESS, *Ma vie*, p. 178.

Elle fait comprendre à Selznick qu'elle aimerait enfin empocher l'argent qu'elle mérite et qu'elle fait gagner aux maisons de production, sans être cantonnée à ne toucher que cette part ridicule à laquelle son patron l'a habituée. Mais, quand il est question d'argent, Selznick perd bien vite son sens de l'humour. Sentant son ascendance déchoir, il lui fait remarquer sèchement qu'elle lui doit sa notoriété puisqu'il l'a *sortie de l'ombre*[4]. Et, sur cette remarque acerbe, les deux amis se quittent fâchés.

Ingrid, qui pensait d'abord ne pas pouvoir vivre sans David Selznick, se rend compte que cette rupture est finalement loin d'être insurmontable.

Alors qu'elle savoure sa liberté, elle commence le tournage d'*Arc de triomphe*, adaptation du roman éponyme d'Erich Maria Remarque, avec l'excellent Charles Boyer. Si le film fait se déliter, par sa longueur, la trame et l'intensité du roman, Ingrid se sent heureuse. Elle semble avoir franchi un pas important. Parfois, elle n'a peur de rien et tout l'indiffère. Elle fait engager Robert Capa comme photographe publicitaire sur le tournage. Si une partie de l'équipe du film est bientôt au courant de leur relation, celle-ci ne s'ébruite jamais, et le soin qu'Ingrid met à s'afficher avec Capa sans aucune gêne apparente fait croire, de l'extérieur, à une simple amitié.

Cette histoire avec le photographe est pour elle une aventure prodigieuse. L'homme lui-même ne manque pas de panache. Il est très différent de son mari et a certains traits de caractère semblables à ceux qu'avait son père. L'argent ne l'intéresse pas au-delà de ce qui lui est nécessaire. Il est généreux. Il vit au jour le jour et ne cesse de voyager. Il a une culture et une expérience incommensurables. Il est aussi épris de liberté. Il repart pour Paris alors qu'Ingrid part à New York commencer les répétitions

---

4. Donald SPOTO, *Ingrid Bergman*, p. 190.

de *Jeanne la Lorraine* avec Ruth Roberts, sa fidèle répétitrice dont elle est devenue chaque jour plus proche et qu'elle aime profondément.

À la composition de la pièce, Ingrid va prendre une part active et inédite, la remodelant en demandant à Maxwell Anderson d'ajouter des répliques à son personnage, au fur et à mesure que ses lectures sur Jeanne d'Arc s'amoncellent.

Pour la première fois depuis bien longtemps, elle fait ce qui lui plaît, adhère à un projet qu'elle a choisi et sur lequel elle imprime sa marque, exerce une influence concrète. Elle y croit, elle s'est battue pour cela : pour elle, Jeanne d'Arc est le rôle de sa vie.

On peut s'interroger une nouvelle fois sur la nature de cette obsession. Pourquoi avoir à cœur de jouer ce rôle parmi d'autres ? Pourquoi ce personnage de jeune fille qui prend la tête d'une armée, combat les Anglais et finit brûlée vive à dix-huit ans ? D'une manière parfaitement consciente, Ingrid ne trouve pas d'explication rationnelle à cette fascination vieille de plusieurs années. *Jeanne d'Arc m'a toujours obsédée. Quant à savoir d'où me vient l'attrait qu'exerce sur moi ce personnage, je l'ignore – peut-être pour l'expliquer faudrait-il remonter aux rêves de mon enfance*[5].

Il est vrai qu'elle a découvert Jeanne très jeune, alors que la compagne de son père l'a emmenée voir une adaptation de la vie de ce personnage au cinéma. On ne peut avoir de certitude sur l'origine précise de cet intérêt mais l'on peut se risquer à faire un parallèle entre l'admiration qu'Ingrid porte à cette sainte, ayant une foi en Dieu inébranlable, devenue une icône après sa mort, et le culte qui a été voué chez elle à sa propre mère disparue. Sa figure toujours idéalisée n'a cessé de hanter la maison de son père couverte de ses portraits. Comme l'a été sa mère pour son père, Jeanne d'Arc est devenue un personnage

---

5. Ingrid Bergman, Alan Burgess, *Ma vie*, p. 165.

de femme dont elle a collectionné tous les objets pouvant s'y rapporter, à commencer par les statuettes et les dessins.

Par ailleurs, cette figure féminine est encore une fois une combattante qui prend les armes comme le ferait un homme. Elle a un destin à accomplir, elle doit mener une vie d'action et non de passivité. Comme le personnage de Maria du roman d'Hemingway qui avait tant plu à Ingrid, elle porte les cheveux courts et se bat tant bien que mal pour se faire entendre et respecter des autres.

Mais cette aspiration à vivre pleinement son destin et à agir selon son cœur est aussi ce qu'elle devra payer de sa vie. Pour avoir porté des habits d'homme, elle sera ligotée sur le bûcher, mourra dévorée par les flammes. On ne peut pas ne pas penser, à travers le destin de ce personnage, à celui d'Ingrid qui, voulant accomplir une vie d'artiste passionnée, devra un jour en payer le prix dans sa vie personnelle.

On peut également être interpellé par la solitude et l'exclusion de Jeanne d'Arc. Elle meurt abandonnée, vouée à une agonie cruelle et condamnée par tous alors qu'elle est une sainte. L'injustice de son sort, cette incompréhension que suscitent la droiture et la vertu de cette femme de la part des autres est aussi une situation qui a pu interpeller Ingrid lorsqu'elle était enfant. Son père, qui vivait alors avec sa maîtresse une histoire d'amour qui le remplissait de bonheur, a été condamné moralement par sa famille et ses voisins, banni pour ses péchés de la société respectable.

Peut-être ce décalage entre la condamnation infondée des hommes et la réalité louable des actes a-t-il été rassurant pour l'enfant qui a pu voir dans le comportement de son père non pas quelque chose de mauvais mais de simplement inexplicable pour une opinion publique à laquelle il ne faut pas accorder trop d'importance.

Cette façon de concevoir le monde à travers l'histoire de Jeanne d'Arc, cette possible fascination pour ce qui détruit, cette profonde indifférence à l'égard du jugement des foules dans ce qu'il a de plus vil et de plus dévastateur, ce triomphe de la vertu qu'on ne comprend pas et qu'on ne voit pas, tout cela ne peut être que troublant lorsque l'on sait les événements qui s'annoncent, à présent, en cette année 1947. Bientôt, en effet, Ingrid connaîtra de la part du public un lynchage sans précédent, et ses prestations portées aux nues, son élégance devenue légendaire, ses triomphes dans le monde du cinéma n'auront d'égale que la haine incroyable qu'elle suscitera.

Rien, sinon peut-être le changement imperceptible de son comportement, cette assurance, cette façon d'oser faire les choses qu'elle désire, de prendre davantage de risques ne peut faire présager de ce qui va se produire quelques mois plus tard. Certes, Joe Steele s'inquiète de son histoire avec Capa. Il sait qu'elle est sur le fil du rasoir, qu'elle va se brûler. Mais, pourtant, le tournant majeur ne viendra pas de là où il l'attend.

Car cette piste amoureuse est vite abandonnée. Ingrid cherchait en effet, dans la liberté de ton et de vie de son amant, la possibilité de s'évader un instant, voire de s'échapper pour de bon. Or, lui donner cette possibilité consisterait précisément, pour Robert Capa, à renoncer à son indépendance. Se voulant dédié à la photographie, il veut pouvoir partir du jour au lendemain à l'autre bout du monde. D'une certaine manière, Ingrid le comprend. Elle voulait lui faire jouer ce rôle d'ouverture, de passeur vers une autre vie.

Elle renonce peu à peu à ce que Capa lui permette de réaliser son souhait, mais elle ne renoncera pas à son projet personnel. Elle est déterminée. Elle a changé. Elle sait maintenant qu'elle va partir.

En attendant, alors que les répétitions sont terminées, elle interprète *Jeanne la Lorraine* au théâtre. Le parti pris de Maxwell

Anderson est de faire se dérouler la pièce au sein d'un décor minimaliste, afin de ne pas encombrer le jeu de l'actrice. Capa, qui est en route pour la Turquie et ne peut assister à la première à l'Alvin Theatre de New York, le 18 novembre 1947, lui envoie un télégramme pour lui dire son amour. Elle le lit distraitement, leur idylle se termine. Elle le sait.

Capa n'est pas prêt à mettre entre parenthèses sa passion du reportage pour elle, il ne se fixera jamais à ses côtés. Mais elle-même s'éloigne de lui, elle refuse de le suivre et de renoncer à sa passion de jouer qui, une fois de plus, est célébrée par les critiques qui l'adulent. On parle d'elle comme d'une femme si bouleversante et talentueuse qu'elle en devient irréelle. Comme si le personnage lui-même avait dévoré son actrice, les critiques parlent de *son âme d'une rare pureté*. On dit d'elle encore qu'*elle appartient à l'élite du royaume des chimères*. Robert Sherwood écrit qu'*elle est sainte Jeanne*[6]. Elle remporte le prix de la Drama League, le prix Antoinette Perry. Toute cette gloire lui monte à la tête et lui fait mal. Alors qu'on fête son succès à l'hôtel Alstor, elle s'isole dans un vestiaire et s'écroule en larmes. Elle reparaît comme si de rien n'était, mais elle ne sait pas si elle va tenir longtemps.

Tout cet engouement lui semble délirant, hors de propos. On ne parle que d'elle. Un prêtre de New York a contacté Joe Steele pour lui demander qu'Ingrid pose pour une statue en buste de Jeanne d'Arc. L'Amérique puritaine, qui se prépare déjà aux heures noires du maccarthysme à travers les enquêtes impitoyables de la House Committee on Un-American Activities, recherche l'appui d'icônes intouchables pour mieux légitimer la chasse aux sorcières qu'elle entreprend déjà. Ingrid incarne alors le parfait symbole de la jeune femme vertueuse dont la patrie a besoin.

---

6. Donald SPOTO, *Ingrid Bergman*, p. 211.

En outre, le *phénomène Jeanne d'Arc* n'est pas terminé. Bientôt, Ingrid travaille à la prochaine adaptation de la pièce au cinéma. C'est Victor Fleming, réalisateur de *Docteur Jekyll et M. Hyde*, venu assister à la pièce new-yorkaise, qui se charge de cette adaptation. Pour Ingrid, il s'agit encore de jouer le rôle de sa vie.

L'investissement dans son travail est extrême, sinon troublant. Il dépasse tout ce qu'elle a pu donner d'elle-même jusqu'à présent. La confusion qui règne dans son esprit est à son comble. Sa passion lui échappe, le public s'en empare. Elle se rend avec l'équipe du film en France, à Domrémy, où elle est accueillie en héroïne. *C'était incroyable. Partout, on m'a traitée comme si j'étais la réincarnation de Jeanne d'Arc, comme si on attendait son retour. J'ai été assiégée, non pas parce que j'étais une star, mais parce que j'étais Jeanne d'Arc*[7].

Le trouble dans lequel Ingrid se trouve ne fait que s'accentuer quand Victor Fleming qui, alors qu'il l'avait dirigée d'une main de fer dans *Docteur Jekyll et M. Hyde*, ne lui avait pas donné de signes clairs de son intérêt pour elle, lui fait une déclaration d'amour parfaitement inattendue.

Bientôt, il la poursuit de ses ardeurs. Il est pris, peut-être, dans la folie d'admiration qui entoure l'actrice. Mais, surtout, à soixante-six ans, il se sent vieillir. Ingrid est jeune, elle est belle. Il regrette son indifférence passée. Comment a-t-il pu ne pas répondre à son désir ? Il sent que cette péripétie sentimentale est peut-être sa dernière histoire d'amour.

Quant à Ingrid, elle se souvient de la passion qu'elle a autrefois ressentie pour lui. Il n'en reste pas grand-chose, à présent, mais elle conserve le souvenir de la tension désespérée qui était la sienne quelques années plus tôt. Elle ne résiste pas à s'offrir ce qu'elle a désiré si fort sans l'avoir obtenu.

---

7. Ingrid BERGMAN, Alan BURGESS, *Ma vie*, p. 223.

Elle s'engage avec Fleming dans une liaison condamnée d'avance. Elle se perd avec celui qui dirige son travail. Lui-même se met en danger, lui crie son amour à chaque instant.

Les deux amants se voient de plus en plus souvent, notamment le soir, délaissant leurs familles respectives. Les risques qu'ils prennent les compromettent l'un et l'autre.

La femme de Fleming, désespérée, prévient Petter Lindström. Celui-ci est déjà au courant de la récente liaison d'Ingrid avec Capa qu'il a découverte par hasard et dont il se remet à peine.

Devant ce nouvel écart, il se décide à parler sérieusement à sa femme. Il la menace de demander lui-même le divorce en révélant ses infidélités, ce qui ruinerait sa carrière. Mais il considère encore qu'Ingrid, qui subvient principalement aux besoins du foyer, doit être ménagée. Par ailleurs, il y a leur petite fille. Il faut sauver leur mariage, au moins par égard pour elle.

Ingrid et Petter, au prix d'une discussion interminable, parviennent à se mettre d'accord sur le principe de rester ensemble. La situation étant intenable telle qu'elle est, la passion du couple ayant disparu depuis longtemps, ils décident alors d'avoir un autre enfant, comme pour s'aveugler par un nouvel amour. Petter, comme toujours, prend cette décision au mot. Déjà, il fait construire une nurserie dans la grande maison.

Pourtant, à mesure que les travaux avancent, Ingrid ressent une sorte de malaise continuel. Les coups de marteau lui font sauter le cœur.

La nouvelle grossesse ne vient pas, comme si son corps s'était fermé, ne voulait pas sauver cette union si triste. Elle dépérit.

Le tournage de *Jeanne d'Arc* se termine, elle et Fleming sont désormais entièrement dédiés à leur travail. Les scènes sont sans cesse reprises.

Si les critiques sont flatteuses, le résultat du film, pour Ingrid, est cependant un échec. En regardant ces décors artificiels, ces costumes pompiers, en écoutant cette musique sirupeuse, en voyant son propre visage noyé sous le maquillage et coiffé d'un brushing qui lui fait un casque grotesque, elle se désole. Elle se sent étouffer, soudain, dans le monde de Hollywood qu'elle trouve obsédé par les codes, trop marqué par la censure.

Elle rêve là aussi de liberté.

Elle sait, à présent, que l'on peut faire du cinéma autrement.

Une référence la hante en effet depuis quelque temps. Dès le début de leur histoire, Capa lui avait parlé de sa passion pour Roberto Rossellini. Ingrid, qui écoutait bien souvent ses conseils, avait donc poussé la porte d'une salle new-yorkaise pour aller voir *Rome, ville ouverte*, et elle avait compris, sans doute, la passion qu'avait eue son amant pour le grand maître du cinéma italien.

Tout, dans cette œuvre fracassante qui représente l'Italie ravagée par la guerre, la ville de Rome offerte aux étrangers, l'espoir anéanti d'une femme, la peur et la torture des résistants, l'a bouleversée.

Elle en a pleuré. Elle est retournée voir le film.

Elle a tenté, des mois plus tard, d'oublier ce que les images ont fait naître en elle. Mais, à présent, plus elle s'en éloigne, plus elle se plonge dans son travail, plus elle y pense. Elle voudrait rencontrer ce grand metteur en scène qui parvient à la boule-verser par les risques qu'il prend, par son choix de ne jamais ensevelir son action sous une musique pompière ou mièvre, par son don incroyable pour saisir la lumière sur les visages et créer des personnages dont le souvenir ne s'efface pas.

C'est des mois plus tard qu'elle découvre un autre film de Rossellini, *Païsa*, mettant en scène un soldat américain et un orphelin, une jeune fille sacrifiée, une femme à la recherche de son fiancé et une fille perdue, devenue prostituée, interprétée par Maria Michi. La vision de cette femme plongée dans la tristesse, ce décor si nu et si audacieux achèvent de convaincre Ingrid de sa passion. Pour elle, Rossellini devient vite une obsession comme a pu l'être le personnage de Jeanne d'Arc.

On dirait que son humanité, sa profonde indépendance d'esprit transparaissent et se lisent immédiatement dans ses films. C'est comme si cet homme qu'elle ne connaissait pas pouvait soudain lui offrir la solution unique et entière à tous les problèmes de son existence. Une solution à la fois personnelle et professionnelle.

Ingrid ne peut pas davantage s'expliquer la raison de sa passion. Mais elle parvient tout de même à faire part à son entourage, notamment à Irene Selznick, de son souhait de tourner un film avec Roberto Rossellini.

Pourquoi se décide-t-elle à ce moment-là ? Peut-être parce qu'elle est dans une impasse et qu'elle ne peut plus respirer. En avril 1948, elle se procure l'adresse du cinéaste italien et lui envoie cette lettre dont les mots seront publiés plus tard dans tous les journaux :

> *Cher Monsieur,*
>
> *J'ai vu vos films* Rome, ville ouverte *et* Païsa, *et je les ai beaucoup aimés. Si vous avez besoin d'une actrice suédoise qui parle très bien l'anglais, qui n'a pas oublié son allemand, qui n'est pas très compréhensible en français et qui, en italien, ne sait dire que* Ti amo, *je suis prête à venir faire un film avec vous.*
>
> *Ingrid Bergman*[8].

Ce message est une véritable déclaration d'amour, notamment parce que les deux seuls mots qu'Ingrid y écrit en italien en sont une, *stricto sensu*. Mais il peut s'interpréter autrement, peut-être. Petter, lui, a relu la lettre et l'a trouvée simplement convaincante. Il se dit qu'ainsi, le metteur en scène pourra sans

---

8. Donald SPOTO, *Ingrid Bergman*, p. 230.

doute avoir envie de venir en Amérique, sachant qu'il commence de se faire ici une notoriété qui ne cesse de grandir.

Rossellini, lui, répond quelques semaines plus tard, apparemment flatté.

> *Chère Madame Bergman,*
>
> *C'est avec une grande émotion que j'ai reçu votre lettre, dont le hasard a voulu qu'elle arrive le jour de mon anniversaire, et qui constitue mon plus beau cadeau. Croyez-moi, je rêvais de faire un film avec vous, et je vais dès maintenant faire tout ce qui est possible. Je vous écrirai une lettre pour vous soumettre mes idées. Avec mon admiration, recevez, je vous prie, l'expression de ma gratitude et de mes meilleurs sentiments.*
>
>

Roberto Rossellini[9].

Entre-temps, Ingrid commence de tourner *Les Amants du Capricorne* avec Alfred Hitchcock à Londres. Mais les prises particulièrement longues, la caméra qui glisse dans la maison sur les pas de son personnage l'agacent et la fatiguent. Elle finit par entrevoir l'ingéniosité de la nouvelle technique de ce réalisateur qu'elle admire, mais ses sentiments sont ailleurs. Bientôt, Rossellini lui envoie un projet de scénario, projet particulièrement fouillis et laconique, mais qui lui inspire une joie indescriptible.

Ingrid et Roberto se rencontrent à Paris, le 28 août 1948, en compagnie de Petter. Alors que celui-ci et le distributeur de films Ilya Lopert décident d'aborder les questions matérielles et financières, Ingrid et Roberto ne cessent de parler du projet, oubliant les deux autres et partant dans leurs rêves de film commun. Roberto a quarante-deux ans. Ingrid, elle, fête avec lui, lorsque minuit sonne, ses trente-trois ans, soit l'âge que sa mère, Frieda, avait à sa propre disparition.

---

9. *Idem.*

Roberto, de l'avis de bien des femmes, est très séduisant. Fils d'un architecte, aîné de quatre garçons, il a été élevé dans un milieu créatif et cultivé. Fantasque, il a arrêté ses études très jeune et s'est intéressé très tôt au cinéma. Il est surtout un séducteur invétéré, a eu des dizaines de conquêtes. Père de deux fils issus d'un mariage avec une aristocrate italienne, dont l'un est mort de maladie, il a traversé après ce deuil des périodes de grave dépression, s'est détaché de sa femme, puis a vécu des passions répétées avec des actrices.

Il est surprenant et excessif dans tout ce qu'il fait.

Sa vie est à peine croyable, c'est un personnage de fiction qui fait rêver Ingrid.

Sa fameuse imprévisibilité, son intuition géniale, sa capacité à travailler très vite donnent l'impression qu'il est capable de tout, qu'il peut faire des miracles. Et c'est d'un miracle qu'elle a besoin.

Lorsque Roberto se rend aux États-Unis, en janvier 1949, pour recevoir un Prix de la critique, il retrouve Ingrid à Hollywood lors d'une réception donnée par Billy Wilder. Après des mois de recherche d'un sponsor, c'est finalement le milliardaire Howard Hugues qui financera le projet de film.

L'accord signé, il ne reste plus qu'à partir.

Ingrid arrive à Rome le 20 mars 1949. Elle a hâte de tourner, mais elle est surtout folle d'amour, tout comme l'est celui qui l'attend.

Quelques jours plus tard, alors que les deux amants sont photographiés dans une situation d'intimité explicite, éclate un scandale sans pareil. À tel point qu'Ingrid ne reviendra pas aux États-Unis avant sept ans.

VI

*J*e crois qu'au fond de moi-même, je suis tombée amoureuse
de Roberto dès que j'ai vu ses films. À partir de là, il n'a
jamais plus quitté mes pensées[1].

Si une sensibilité extrême, une tendresse et une intelligence
fine transparaissent indéniablement dans *Rome, ville ouverte* et
dans *Païsa*, sans doute peut-on s'étonner de l'apparente absence
de distance que semble entretenir Ingrid, qui connaît si bien les
coulisses et les rouages du cinéma, avec un réalisateur qu'elle
n'appréhende principalement qu'à travers ses fictions.

Il faut pourtant reconnaître qu'Ingrid et Roberto ont en
commun de vivre et de s'exprimer avant tout à travers leur métier
qu'ils aiment passionnément. Roberto lui-même a entretenu
durant plusieurs années une liaison fusionnelle avec son actrice
fétiche, Anna Magnani, dont la beauté hors normes et le talent
ont illuminé son film phare.

Aussi l'enjeu du départ d'Ingrid est-il indéniablement double,
amoureux et artistique. Car sa liaison avec la personne de Roberto

---

1. Ingrid BERGMAN, Alan BURGESS, *Ma vie*, p. 257.

Rossellini est aussi une future union tout aussi exclusive et passionnée avec ses films, dont elle s'apprête à devenir la vedette récurrente. Elle le pressent et s'en réjouit, attend avec impatience de briser son image de star hollywoodienne dans laquelle elle ne se reconnaît plus depuis bien longtemps. Le symbole de perfection qui la poursuivait doit être brisé. Elle veut avant tout se retrouver auprès d'un homme qui lui ressemble.

Cependant, le portrait que chacun va faire d'elle aux États-Unis sera si noir et si violent qu'elle ne parviendra jamais à se l'expliquer totalement. Elle qui respecte la liberté des autres a simplement le sentiment de vivre une histoire d'amour et de vouloir changer de vie, croyant que sa propre existence lui appartient. Elle est prise dans un tourbillon de bonheur. Rien, sur le coup, ne la fait se sentir vivre aussi fort. Elle ressent l'éblouissement des immenses possibilités que va bientôt lui offrir cet homme qui la fascine et qui, d'une certaine manière, fascine tout le monde autour de lui.

Si Roberto a un pouvoir de séduction indéniable à l'égard des femmes, ce dernier s'exerce aussi à l'égard des hommes qui le respectent et l'admirent. Venant de la grande bourgeoisie, marié à une grande dame, il se fait appeler *Il Commendatore*, en signe du respect particulier qui sied à son rang et à sa manière d'être. Son panache et sa noblesse, sa propension à être immodéré en toute chose en font un personnage haut en couleur et très populaire. Extrêmement généreux, impulsif, doué d'un sens de l'humour à toute épreuve, il est accueilli à bras ouverts partout où il passe. Il n'est pas rare qu'on le couvre de cadeaux, de manière totalement spontanée.

L'arrivée d'Ingrid Bergman, venue de l'autre bout du monde pour tourner dans son film, en fait à présent un héros national.

Ingrid vit un rêve lorsqu'elle arrive à Rome. Elle est acclamée par une foule immense. *C'était fou. Toutes les écoles étaient fermées, on avait donné congé aux enfants. Et tout le monde était dans la rue, comme s'il s'agissait d'une visite royale*[2]. Les Italiens sont transportés de joie, comme s'ils s'attribuaient à eux-mêmes, après leurs défaites des débuts de la guerre et des mois d'occupation étrangère, la victorieuse conquête américaine de Rossellini. Les tout premiers jours, alors que la presse ignore encore la réalité de son idylle, Ingrid est happée par la fascination du changement et de la décision qu'elle vient de prendre. Elle sait pourtant ce qui se joue à cet instant, elle sait qu'elle a rejoint un homme qu'elle ne connaît qu'à travers des conversations secrètes au téléphone, des rencontres brèves et passionnées. Il faut à présent confronter ces moments volés, ressassés à distance et magnifiés à la réalité quotidienne d'une vie nouvelle dans laquelle elle s'est jetée à corps perdu.

La hantise de la déception pourrait la ronger mais elle ne veut pas y penser. Son visage baigne dans la foule, sous le soleil, au milieu de cette ville splendide. Elle sait toutefois que vivre une histoire d'amour avec Rossellini ne sera pas pour elle un havre de paix, tant elle cerne déjà son caractère impossible. Mais, paradoxalement, elle l'aime avec une irrationalité dont elle a pleinement conscience. C'est ce qu'elle écrit à son ami Joe Steele qui ne cesse de s'inquiéter pour elle. *Je comprends parfaitement pourquoi les gens le trouvent cinglé. Mais c'est toujours ce qu'on dit des gens qui osent être différents, et j'ai toujours aimé ces gens-là*[3].

Elle vit, pour le moment, sur le fil tendu d'une confiance qu'elle ne s'explique pas. Si l'on observe la situation avec un peu de recul, son attitude pourrait être qualifiée de suicidaire, alors qu'elle se trouve aux côtés d'un homme que l'on décrit facilement comme un séducteur frivole et peu scrupuleux. Les proches de Rossellini

2. *Ibid.*, p. 261.
3. Donald SPOTO, *Ingrid Bergman*, p. 259.

en viennent à s'inquiéter sincèrement du sort de la jeune femme fraîche, spontanée, qui a pris tous les risques, y compris celui de se détruire. La scénariste Liana Ferri, une très bonne amie de Roberto, qui a vu en Ingrid une *femme amoureuse* et qui est *frappée par sa simplicité, son honnêteté*, met en garde celui qu'elle ne connaît que trop bien. *Ce n'est pas possible qu'un type comme toi, aussi rusé, aussi retors, profite d'une femme qui est absolument innocente, tout à fait sans défense. Je ne le supporterais pas*[4].

Quant à Petter, qui, de loin, a percé à jour les sentiments de sa femme, il se préoccupe du qu'en-dira-t-on mais se fait en réalité peu de souci, ne prédisant là qu'une aventure sans lendemain.

Chacun spécule sur la liaison naissante et tous partagent à peu près le même pronostic : Rossellini abandonnera bientôt celle qui a tout abandonné pour lui. Mais ceux qui misent sur la naïveté d'Ingrid et le cynisme de Roberto, encombrés peut-être par les stéréotypes de ces innombrables romans dans lesquels les femmes doivent être celles qui souffrent et qu'on oublie, sont pourtant très loin du compte. En effet, Roberto Rossellini est lui-même éperdument amoureux d'Ingrid. La danseuse allemande avec laquelle il entretenait jusque-là une liaison l'a quitté d'elle-même, tant elle l'a vu tout entier absorbé par sa nouvelle passion. En outre, il s'est bel et bien séparé de sa maîtresse en titre, l'impétueuse Anna Magnani, lors d'un fameux déjeuner au restaurant qui lui a valu un plat de spaghetti fumant renversé sur la tête devant tout le monde[5]. Il a surtout entamé une procédure d'annulation de son mariage avec Marcella de Marchis, l'épouse avec laquelle il n'entretient plus que des rapports de franche camaraderie, mais qu'il ne s'était jamais résolu à quitter officiellement.

---

4. Ingrid BERGMAN, Alan BURGESS, *Ma vie*, p. 255.
5. *Ibid.*, p. 259.

Désormais, il ne se consacre plus qu'à Ingrid. Il l'emmène visiter l'Italie avant de commencer le tournage de son futur film. Il veut lui montrer son monde, lui faire partager tout ce qu'il aime. Lui qui a déjà éconduit des femmes puissantes se trouve soudain désarmé par la vulnérabilité extrême de celle qui est allée au bout d'elle-même pour vivre avec lui. Ingrid a tout misé sur ce voyage et il le sait. Il en est bouleversé. Roberto, qui souffre encore quotidiennement d'avoir perdu il y a quelques années l'un de ses deux fils, est comme un père qui a retrouvé, en cette amoureuse absolue et innocente, un enfant perdu. Par ailleurs, il admire chez Ingrid son art et sa carrière, son talent, il est ébloui par son naturel qui semble exclure toute forme de calcul.

Très vite, l'engagement franc et entier de Roberto rassure tout le monde, excepté, bien entendu, Petter, qui, enfin, commence de s'inquiéter. Il doit être confronté à une photo publiée dans *Life* qui fera le tour du monde. Alors qu'Ingrid et Roberto se promènent sur la côte amalfitaine, un photographe les immortalise main dans la main. Bientôt, leur liaison, confirmée par de nombreux témoins, ne fait plus aucun doute.

Pour Ingrid, jusque-là considérée comme une sainte, la descente aux enfers commence. Dans la presse, qui la portait aux nues quelques semaines plus tôt, les insultes et les grivoiseries pleuvent en première page, reléguant les nouvelles locales et internationales en fin d'édition.

Le public se procure l'adresse des studios italiens de Rossellini. Au fil des semaines, Ingrid reçoit des lettres incrédules la suppliant de démentir ce qui ne peut être que des calomnies s'attaquant à la femme vertueuse qu'elle est. Mais les plus nombreuses sont bientôt des lettres d'insultes, certaines venant parfois d'anciens amis.

Le répit a été de courte durée. Mi-mars, alors que la foule acclamait Ingrid, rien n'était su du grand public. Roberto l'avait entraînée partout avec lui, insouciant et ravi. Mais dès les débuts du mois suivant, la rumeur avait enflé au point que des journalistes américains avaient cru bon d'investir dans un billet d'avion afin de trouver de quoi faire les gros titres. À présent, la vie de Roberto et d'Ingrid est infestée de reporters qui se réfugient dans les coins les plus improbables dans l'espoir d'en dérober un fragment.

À la fin du mois d'avril, Petter, alarmé par les rumeurs croissantes, décide de faire le voyage jusqu'à Rome pour voir sa femme. Il veut constater la situation par lui-même, il n'y croit pas. Il a traité par le mépris la lettre que Roberto Rossellini lui a écrite, en rétorquant qu'*Ingrid s'enthousiasme facilement, qu'elle est sensible mais pas intelligente* et qu'elle *ne sait pas ce qu'elle fait*[6]. Il pense même que la lettre de rupture qu'Ingrid lui a envoyée a été écrite sous l'emprise de la drogue. Toujours persuadé que sa femme ne dispose pas d'un pouvoir de décision et d'un libre arbitre à part entière, il pense que sa seule présence pourrait suffire à la faire changer d'avis et à la ramener auprès de lui en Amérique.

Bientôt, dans toutes les conversations relatives à Ingrid Bergman, résonne ce mot facile et inepte signifiant que, d'une femme, tout a été dit : *putain*[7].

En tout, Ingrid recevra des dizaines de milliers de courriers, dont la plupart seront des tombereaux d'injures, parfois empreints d'une haine confinant au délire. *Ces lettres, souvent hystériques, trahissaient chez leurs auteurs un tel déséquilibre que, manifestement, je ne pouvais rien pour eux*[8].

La peine qu'Ingrid ressent à cet égard la laisse souvent dans un état de dévastation muette. Une tristesse profonde la gagne,

---

6. Donald Spoto, *Ingrid Bergman*, p. 272.
7. Ingrid Bergman, Alan Burgess, *Ma vie*, p. 340.
8. *Ibid.*, p. 343.

tant il lui est difficile de faire face à l'incompréhension, le poison de la calomnie, tout ce qui constitue cette insondable méchanceté gratuite à laquelle elle a toujours été étrangère. Elle abîme son cœur à tenter vainement d'en comprendre la raison. *Pour m'encourager, quelqu'un m'a expliqué que c'est parce qu'on m'avait trop aimée que cet amour s'était si rapidement transformé en haine*[9]. Il n'en reste pas moins qu'elle n'y entend rien et reste hermétique à ce langage, elle qui ne sait aimer qu'inconditionnellement.

Très vite, elle a demandé le divorce. Mais Petter, lorsqu'il se rend en Italie, est encore persuadé qu'il va raisonner sa femme. Ne voulant pas entendre parler de séparation, il traite les requêtes d'Ingrid par le mépris. Il lui demande de faire cesser cette humiliation publique, de penser à lui, à sa fille, et de revenir chez eux après qu'elle aura honoré son engagement en terminant le tournage du film de Rossellini.

À l'abri des journalistes, dans un hôtel de Messine, Petter retrouve Ingrid.

À l'entêtement de celui-ci, il faut bientôt ajouter les crises de jalousie de Roberto et le chantage affectif auxquels il l'a, en quelques semaines, déjà habituée. Il est effrayé à l'idée que Petter parvienne à la convaincre de revenir avec lui. Fidèle à son tempérament explosif, il la menace de se suicider.

Roberto m'a dit une douzaine de fois que, si je le quittais, il se tuerait. Par ailleurs, il était obsédé par l'idée de mourir en voiture et parlait volontiers de l'arbre contre lequel il finirait par s'écraser[10].

Cette réaction violente achève de désorienter Ingrid. Elle tente de dialoguer avec Petter mais fait face à un mari plus entêté

---

9. *Idem.*
10. *Ibid.*, p. 295.

que jamais qui, s'il vient pourtant du même pays que le sien, semble à cet instant ne plus parler la même langue qu'elle. Pour Petter, l'amour qu'elle ressent est un enfantillage, il lui ordonne de *grandir*[11] et de réfléchir. Il lui demande encore de revenir aux États-Unis une fois le tournage terminé, afin qu'elle puisse s'expliquer directement avec sa fille, de cesser d'être hébergée dans la famille de Roberto et d'être discrète. C'est, dit-il, la seule possibilité pour qu'il envisage le divorce.

Elle accepte ses conditions, elle consent à attendre. Elle est pourtant anéantie, comprenant de moins en moins l'attitude de son mari qui la laisse dans une impasse et ne lui facilitera pas la vie.

L'entrevue de Messine a été affreuse. Par ailleurs, les scènes de Roberto, qui a passé la nuit à tourner autour de l'hôtel avec sa Ferrari et qui est entré dans une rage folle, ont achevé d'user ses nerfs. À présent, elle est désemparée, et elle craint de plus en plus de ne pas revoir sa fille. Il ne lui reste de cette rencontre qu'une grande tristesse vide. *Je regardais ces deux hommes qui se battaient pour moi, et je trouvais qu'ils ne valaient pas mieux l'un que l'autre*[12].

Elle tente de se ressaisir et de respecter les consignes qui lui ont été données. Mais bientôt les conditions posées par Petter lui apparaissent comme une supercherie. Il ne la laissera jamais partir. Exaspéré, il lui dit un jour, dans l'une de ses lettres, qu'il n'acceptera *pas de divorcer maintenant ni à l'avenir*[13]. Par ailleurs, Ingrid, qui a écrit plusieurs fois à sa fille et qui s'était persuadée que Petter la laisserait la voir sans problème, comprend à présent que les choses seront très compliquées.

---

11. *Ibid.*, p. 343.
12. *Ibid.*, p. 298.
13. *Ibid.*, p. 299.

Peu à peu, les lettres qui lui parviennent de Pia la poussent à se rendre à l'évidence : elles lui ont été dictées. Pleines d'insinuations et de reproches, elles sont une nouvelle épreuve pour elle qui pensait que son divorce pourrait se passer dans des conditions dignes et que Petter n'oserait jamais se servir de son enfant pour lui faire du chantage. *Je pensais que les gens intelligents pouvaient divorcer et se montrer raisonnables en toutes choses. L'idée ne m'est jamais venue que je devrais affronter une telle violence et que je pouvais perdre Pia*[14].

Elle se retrouve bientôt à la merci de Petter et souffre de plus en plus. Elle qui ne lui a jamais rien réclamé, qui consent à lui laisser tout son argent, y compris la maison qui a été achetée avec son propre salaire, n'en sera en rien récompensée. La rémunération que la société de production lui versera pour le film *Stromboli* le sera sur le compte de Petter. Tout l'argent qu'elle a gagné est demeuré aux États-Unis. Elle comprend que tout ce qu'elle a acquis durant des années de travail ne lui sera jamais rendu.

À présent, elle est purement et simplement ruinée. Elle désespère de revoir sa fille. La plupart de ses proches lui ont tourné le dos, mis à part Ernest Hemingway, Irene Selznick, Joe Steele et Ruth Roberts. En Italie, elle trouve de la consolation auprès de sa nouvelle belle-mère, la mère de Roberto, mais aussi de sa belle-sœur Fiorella, qui l'ont toutes les deux adoptée et l'ont aimée immédiatement. En outre, bon nombre de prêtres, amis de Rossellini, mais aussi de sœurs, lui ont apporté leur soutien. Même si elle n'est pas très religieuse, elle peut s'appuyer sur ces personnes bienveillantes pour traverser ces jours pénibles. D'autant que, depuis plusieurs mois maintenant, sans doute la fin du mois d'avril ou le début du mois de mai 1949, elle est enceinte.

14. *Ibid.*

Elle s'est aperçue de la situation dès le début du mois de juin. Cette deuxième grossesse qui s'était refusée à elle durant des années lorsqu'elle était auprès de Petter n'a pas attendu un mois de vie avec Roberto pour se déclarer. Très vite, elle ne peut plus la cacher, du moins à ses proches.

Certains lui conseillent de se faire avorter, tant la situation est tendue. Elle s'y refuse pourtant, étant auprès d'un homme qui l'aime et qui désire l'enfant. Cependant, cette grossesse la fatigue et l'inquiète. Elle est au pied du mur, elle sait à présent qu'elle acceptera n'importe quelles conditions pour divorcer, sachant que l'attitude de Petter la fait désespérer de trouver un arrangement convenable. Alors que Roberto parvient à faire annuler son mariage avec l'aide de sa femme Marcella de Marchis, Ingrid, qui doit bientôt renoncer à divorcer de Petter qui refuse de signer le moindre papier, se trouve dans une impasse.

Le divorce étant illégal en Italie, elle doit se résoudre à faire annuler son mariage à l'étranger.

La situation se complique encore dans les jours qui viennent, car Ingrid a commencé le tournage de *Stromboli*, qui s'avère être très éprouvant.

Le projet de Rossellini était ancien, et l'héroïne de ce film devait être Anna Magnani. Abandonnée, elle s'est finalement résolue à tourner un film concurrent, *Vulcano*, avec le réalisateur William Dieterle.

L'histoire de *Stromboli* fait étrangement écho à celle qu'est en train de vivre Ingrid à cette époque.

Karen, une femme étrangère, est en Italie dans un camp de personnes déplacées. Elle cherche à obtenir un visa pour l'Argentine qui ne lui est pas accordé. Elle est courtisée par un jeune Italien, originaire de Stromboli, qui lui propose de l'épouser et de l'emmener vivre avec lui dans son île. Karen voit alors l'occasion de s'échapper de ses conditions de vie difficiles et instables. Elle épouse le jeune homme et part avec lui sur un voilier, laissant derrière elle son ancienne vie.

Cependant, arrivée sur l'île, elle découvre un paysage désolé, une maison misérable et crasseuse, des habitants hostiles et méfiants. D'abord folle de rage et de mépris, elle tente de fuir puis se résout, malgré les commérages et la mauvaise réputation qui l'empoisonnent, à sa nouvelle vie. Mais celle-ci est bientôt semée d'embûches et lui semble de plus en plus irrespirable, d'autant qu'elle se retrouve enceinte et souhaite sauver son futur enfant de cette île qui la rebute.

Le film peut se résumer à l'histoire d'un homme qui a emmené chez lui une femme *trop bien pour lui*. Sans doute cette histoire traduit-elle une part de la hantise que ressent Roberto Rossellini de voir sa nouvelle conquête déçue d'avoir tout quitté pour vivre en Italie à ses côtés. Il a toujours eu peur de voir cette vedette hollywoodienne désenchantée par ce pays du Sud et la simplicité de son peuple. Par-dessus tout, il a peur que cette actrice de renom, qui a tourné avec des réalisateurs surdoués comme Alfred Hitchcock, ne finisse par le mépriser.

Et *Stromboli* met sans cesse en évidence le décalage entre l'univers hollywoodien qu'incarne Ingrid Bergman, à travers son rôle de belle étrangère coquette, habituée au luxe, et la rudesse du paysage de Stromboli que Roberto Rossellini filme avec sa spontanéité habituelle, au plus proche des hommes, dans un souci de fidélité au milieu qu'il veut montrer tel quel à son spectateur.

Stromboli se tourne dans des conditions terribles. Ingrid, pourtant peu sensible au manque de confort et se refusant toujours à faire le moindre caprice, en souffre comme jamais. Elle ne se lave qu'au moyen d'un seau d'eau froide qu'une assistante lui verse sur la tête à travers un toit béant. Les chemins escarpés, les pierres piquantes chauffées par un soleil de plomb qu'elle doit piétiner la brûlent et la blessent. À cet instant, elle comprend mieux que jamais l'attitude de son personnage. *J'ai eu envie de fuir le plus loin possible, exactement comme Karen, l'héroïne du film, quand elle découvre l'endroit pour la première fois*[15].

À cet inconfort s'ajoutent bientôt les difficultés liées à la lenteur de la réalisation et au caractère si inconstant de Roberto. Il n'informe personne de ses changements d'idées, ne recrute ses acteurs que parmi les gens du cru, se refusant systématiquement à employer des professionnels. La plupart des comédiens novices ne connaissent pas leur texte, regardent la caméra ou se trompent dans leurs déplacements.

Roberto a trouvé une technique imparable : il a accroché une ficelle à l'orteil de ses acteurs improvisés et tire dessus quand l'un ou l'autre doit parler. Il faut refaire les prises indéfiniment, à tel point qu'Ingrid perd patience et s'emporte. *Va te faire pendre avec tes films réalistes ! Ces gens ne savent même pas ce qu'est un dialogue ; ils ne savent pas où ils sont ; ils ne savent pas ce qu'ils font ; ils s'en fichent complètement*[16] *!* Mais Roberto continue de tourner comme il l'entend, absorbé par l'idée qu'il se fait de son œuvre, et le film se poursuit dans le chaos le plus total.

Le sable noir, la poussière de lave et la chaleur étouffante sont à peine supportables. Les vapeurs sulfureuses et les pentes abruptes représentent un réel danger, à tel point que la notion d'équilibre se perd et que la gorge brûle au bout de quelques minutes. À mesure que les jours passent, les conditions sont de plus en plus atroces. Un technicien meurt sur le tournage, ce qui semble être le signe d'une malédiction et achève de démoraliser toute l'équipe, déjà surmenée.

15. Donald SPOTO, *Ingrid Bergman*, p. 258.
16. Ingrid BERGMAN, Alan BURGESS, *Ma vie*, p. 279.

Pour ne rien arranger, la maison de production RKO commence de s'impatienter, exigeant que le film soit bouclé le plus vite possible. Le scandale qui entoure le film n'est pas pour rassurer les producteurs qui craignent un fiasco. Mais les confortables studios hollywoodiens n'ont rien à voir avec ce paysage infernal que les techniciens et les acteurs essaient chaque jour de dompter. Il faut écrire à la production pour implorer quelques semaines supplémentaires.

Enfin, Ingrid ne sait comment, le tournage se termine. Rossellini fait parvenir le film aux États-Unis. Mais l'équipe d'Howard Hughes le trouve trop long. On décide donc d'effectuer d'innombrables coupures et de ne pas garder la scène finale, celle de la conversion de l'héroïne, jugée trop mystique. La nouvelle version d'Hughes, qui sera totalement désavouée par Rossellini, offre au spectateur une fin ambiguë, voire incompréhensible, dans laquelle Karen se perd dans la montagne, escaladant les flancs du volcan, exténuée, en larmes, condamnée vraisemblablement à mourir étouffée.

Le sentiment de malaise est sans doute ce qui ressort le plus du film *Stromboli*. Il est fait de mauvais pressentiments, de scènes pesantes et de musiques sinistres. Ingrid, encombrée par sa grande taille et ses épaules carrées, semble être engoncée dans sa petite maison de pêcheur aux plafonds bas. Tout y est suffocant.

Certaines scènes du film sont incontestablement admirables, comme celle, spectaculaire, de la pêche, où des centaines de thons énormes sont pris dans les filets des pêcheurs qui entonnent un chant répétitif comme une incantation, et dont le côté surréaliste fait penser à la pêche miraculeuse de l'Évangile.

Les paysages sont magnifiquement rendus, l'esprit de Rossellini, original, contemplatif, qui a su si bien transparaître dans *Rome, ville ouverte* et *Païsa*, est bien là, mais il semble mal s'adapter à la présence d'Ingrid, lui qui ne sait réellement s'exprimer qu'à travers la façon de filmer des amateurs ou des acteurs qui l'épousent naturellement.

Si l'on ne peut dire qu'Ingrid joue mal dans *Stromboli* ou que Roberto n'a pas su y filmer une histoire crédible, on peut en revanche s'accorder sur le fait que le mélange de l'univers de la star et du regard de Rossellini forme un cocktail pour le moins surprenant qui, à certains égards, ne fonctionne pas. Le jeu d'Ingrid paraît en effet ne pas trouver de répondant, les échanges avec les autres acteurs faisant toujours ressortir un décalage entre une présence, une diction œuvrées et des répliques récitées à la hâte, des apparitions maladroites, des personnes déboussolées dont les visages semblent parfois fuir la caméra.

En attendant la sortie officielle de *Stromboli*, Ingrid, dont la grossesse est de plus en plus visible, reste bien souvent enfermée dans son nouvel appartement romain, tant elle est traquée jour et nuit par les journalistes qui font le siège de son domicile.

Les lettres d'injures, les articles scandaleux, les condamnations et les menaces se succèdent. La vulnérabilité qu'elle ressent alors qu'elle attend un enfant, l'hypersensibilité, la tentation du repli sur soi exacerbent sa souffrance. Mais rien ne lui est épargné.

Le producteur Walter Wanger lui reproche d'avoir fait, par son comportement scandaleux, chuter les entrées en salle de *Jeanne d'Arc*. Quant à Petter, il ne veut toujours rien entendre. Elle est au plus mal.

Pia ne répond pas à ses lettres. Ingrid, qui désespère de plus en plus de la voir, et ressent *un manque atroce*[17], recevra en quelque sorte le coup de grâce lorsque, quelques mois plus tard, Edwin C. Johnson, sénateur du Colorado, fera en sorte de lui

---

17. Ingrid BERGMAN, Alan BURGESS, *Ma vie*, p. 327.

interdire, ainsi qu'à Roberto, le retour aux États-Unis, en raison de leur conduite.

Puisque ces deux étrangers sont coupables de turpitude morale, les lois régissant l'immigration sur le sol américain doivent leur interdire d'y mettre les pieds[18].

C'est dans un climat d'opprobre et dans une situation de harcèlement permanent qu'Ingrid se rend à la maternité Villa Margherita, au tout début de ce mois de février 1950. Elle a trente-quatre ans, elle en paraît à peine trente, mais elle a le sentiment d'en avoir pris dix d'un coup.

Le hasard du calendrier fait que la nouvelle de l'admission d'Ingrid a lieu le jour de l'avant-première du film de William Dieterle avec Anna Magnani, *Vulcano*. À l'annonce de la nouvelle, la quasi-totalité de la salle se vide pour se précipiter vers la maternité. Le film de Dieterle sera un échec cuisant et un souvenir on ne peut plus amer pour son actrice principale.

Désormais, l'enfant qui va naître est au centre de toutes les attentions, nationales et internationales.

Pour les futurs parents, l'atmosphère est intenable. Roberto n'est parvenu à rejoindre Ingrid que sous un torrent de flashs et de hurlements.

Les journalistes ont envahi les abords de la clinique, ils ont, pour la plupart, investi l'hôtel qui lui fait face. Ils tentent par tous les moyens de pénétrer dans la chambre de la future mère. Certains d'entre eux escaladent les murs pour prendre des photos par la fenêtre, l'un d'eux se casse le bras en tombant. D'autres se déguisent en médecins, tentent de soudoyer les sages-femmes, religieuses pour la plupart, afin d'accéder aux bâtiments.

Un reporter va jusqu'à se servir de la grossesse de sa propre femme pour la faire admettre à la maternité et tenter de s'introduire

18. Donald SPOTO, *Ingrid Bergman*, p. 281.

dans les chambres des patientes, plus particulièrement dans la suite 34, où Ingrid vient d'accoucher.

Enfin, dans un communiqué de presse, est annoncée le jour suivant la naissance d'un petit garçon, Renato Roberto Giusto Giuseppe, que ses parents et toute la famille n'appelleront bientôt que Robertino.

L'acte de naissance de l'enfant ne manque pas d'originalité, car le petit garçon est officiellement déclaré être né de *mère inconnue*. Seul Roberto a pu obtenir à temps l'annulation de son mariage, et un enfant déclaré né d'Ingrid serait officiellement présumé être celui de Petter Lindström, qui est encore son mari au regard de la loi. Mais, une semaine plus tard, Ingrid reçoit un télégramme : l'État du Mexique a accepté de prononcer l'annulation. Elle se remarie alors avec Roberto par procuration et se rend avec lui dans une petite église romaine, proche de la Via Appia, pour faire bénir leur union.

Quant au film *Stromboli*, il sort officiellement en salle le 15 février 1950.

La plupart des critiques sont désastreuses, évoquant une histoire décousue, des personnages peu crédibles et une lenteur excessive propre à endormir n'importe quel spectateur de bonne volonté. Le *New York Times* du 16 février parle, sans doute injustement, d'un film *artistiquement pauvre, confus, guère exaltant et terriblement banal*[19].

Roberto, habitué à être adulé pour son travail, est infiniment déçu. Il est par ailleurs frustré des coupures qui ont été opérées par Howard Hughes avant la sortie du film aux États-Unis.

Mais, pour Ingrid, le choc est peut-être encore plus rude car, pour la première fois, elle est réellement critiquée pour son jeu d'actrice. Le *New York Herald Tribune* dit de son interprétation

19. Donald SPOTO, *Ingrid Bergman*, p. 279.

qu'elle *manque de profondeur*[20]. Cette expression est suffisamment vague pour être remise en cause, compte tenu du contexte dans lequel elle est écrite.

Cependant, pour la comédienne, bien sûr, la question se pose : les critiques sont-elles seulement influencées par le parfum de scandale qui entoure sa vie ? Est-elle vraiment mauvaise dans ce film ?

Elle ne sait que penser, d'autant qu'elle a toujours douté d'elle-même et n'a jamais été tout à fait satisfaite de ses prestations. Rien ici ne la rassure. Car, à supposer que son interprétation de Karen dans *Stromboli* n'ait pas été pire que ses interprétations précédentes et que les critiques l'aient seulement condamnée moralement à travers leurs reproches d'ordre professionnel, cela signifie peut-être que toutes les critiques dithyrambiques auxquelles elle était habituée jusqu'à présent ne l'étaient que parce qu'elle donnait alors de sa personne une image de sagesse et d'honnêteté.

Ingrid ne souffre plus alors de ce décalage permanent entre une vie malheureuse, un mari dévalorisant et une image publique de sainte portée aux nues à chacune de ses apparitions à l'écran. Mais elle est cependant touchée en plein cœur par ce qu'elle croit être l'avènement de ce qu'elle a toujours redouté : la révélation publique de sa propre médiocrité.

Le doute l'assaille d'autant plus que les spectateurs se pressent d'abord dans les salles, sans doute attirés par le scandale qui entoure le film mais, très vite et en quelques jours seulement, les désertent radicalement, comme si le bouche à oreille avait été unanimement mauvais. Le film ennuie, déçoit.

Ingrid se sent une nouvelle fois perdue. Elle tente de se replier sur son nouvel enfant, mais l'intervention du sénateur la déclarant

---

20. *Idem.*

persona non grata aux États-Unis, les difficultés qu'elle trouve à contacter sa fille aînée, vraisemblablement montée contre elle par son père, contribuent à la démoraliser.

Elle doit attendre un an avant de recevoir une visite de Pia, accompagnée de Petter. Mais, celui-ci, encore dépité par son divorce humiliant, lui impose une tierce personne censée la surveiller durant cette entrevue et lui retire l'enfant au bout de quelques jours. Elle ne le sait pas encore mais elle ne reverra pas sa fille pendant plus de six ans.

Entre-temps, elle a dépensé les derniers centimes qui lui restaient en frais d'avocats, cherchant désespérément à se faire accorder un droit de visite. Quant à Roberto, il est criblé de dettes, même s'il ne cesse de dépenser de l'argent et vient justement d'acheter une villa pour sa nouvelle famille à quelques kilomètres de Rome.

En quelques mois et, malgré un mode de vie apparemment fastueux, le couple se retrouve au bord du gouffre financier. Il faut exercer une activité le plus vite possible afin de vivre convenablement. Roberto s'oriente donc vers ce qu'il sait faire : tourner un film. Il emploie pour cela Ingrid, dont la réputation écornée n'en fait pas moins une star, et commence avec elle de réaliser son nouveau projet : *Europe 51*.

Le tournage est encore pour Ingrid *un véritable cauchemar*[21]. Selon la légendaire *méthode Rossellini*, le mot d'ordre est la spontanéité des prises, les changements d'avis de dernière minute et les éternels recommencements. Pour les comédiens, les répliques doivent être le plus souvent inventées au fur et à mesure des scènes. Ingrid perd tous ses repères mais aussi sa patience, une fois de plus, face à une équipe hétérogène et un réalisateur exténuant.

---

21. Donald SPOTO, *Ingrid Bergman*, p. 290.

Jusqu'au début de l'automne, à Rome, la canicule fait rage, à tel point qu'on ne peut tourner, le plus souvent, que de nuit. Ingrid souffre de la chaleur mais aussi de ce qui lui apparaît de plus en plus comme une évidence : elle dépend entièrement de Roberto qui la dirige en toute chose et lui a fait comprendre qu'il ne la laisserait jamais tourner avec aucun autre réalisateur que lui. Les caprices du *Commendatore* la fatiguent mais elle sait qu'elle n'est pas près d'y échapper, tant son sort la lie à celui qu'elle a rejoint au prix d'une ancienne vie, d'une ancienne gloire qu'elle pense à jamais perdues.

Et en cette chaude année 1951, alors que son fils vient seulement de fêter son premier anniversaire, elle apprend qu'elle est de nouveau enceinte.

VII

Comme bien des films de Rossellini, *Europe 51* est celui d'une histoire sombre, douloureuse, marquée par le sacrifice de ceux qui ont la foi. Ingrid y interprète une sorte de réincarnation féminine de saint François d'Assise. Elle y campe une riche jeune femme qui a perdu son fils et qui, pour se guérir de sa peine et de la culpabilité qui la rongent, décide de se consacrer aux autres en les aidant du mieux qu'elle peut. Elle va jusqu'à sauver un jeune homme coupable de vol en lui permettant de se soustraire à la police. Mais cet acte jugé déraisonnable par son mari lui vaut d'être placée en hôpital psychiatrique.

De toute évidence, Ingrid entre à nouveau dans une période qui est celle d'un regain de beauté. À trente-six ans, elle a gagné en maturité, en finesse et en élégance. Elle a perdu un peu de ses joues rondes et juvéniles. Sublimée par des cheveux tirés en arrière, un carré court aux boucles larges et nettes qui mettent en valeur la grâce de son visage, elle rayonne. Ses vêtements luxueux, ajustés sur son corps redevenu gracile malgré sa grossesse naissante, en font une femme nouvelle, troublante, plus magnétique que jamais. Elle paraît également être bien plus à l'aise dans son rôle et sous l'œil si changeant, si difficile de Rossellini, comme si elle avait pris ses marques dans le petit espace de liberté que celui-ci lui a laissé. Elle affiche une sorte de résignation, de souffrance intériorisée, et fait preuve d'une maîtrise incroyable, jusque dans sa détresse et derrière les barreaux d'une prison qui semblent ne pas parvenir à la déstabiliser. Avant chaque prise, elle se concentre, repliée sur son travail auquel elle veut penser avant tout. Elle garde cependant un peu de temps pour faire du tricot, une activité qui lui permet de se détendre et de se vider la tête tout en se consacrant déjà au futur enfant qu'elle porte et qui l'ancre un peu plus dans son union fusionnelle avec son mari[1].

Alors que sa grossesse commence d'être visible, il faut terminer le tournage *au triple galop*[2]. Chaque scène d'*Europe 51* est harassante, d'autant que la fatigue liée à la gestation du futur enfant semble être plus sensible cette fois-ci.

Bientôt, Ingrid constate quelque chose d'inhabituel dans ses sensations de femme enceinte, elle qui croyait les connaître par cœur et les avoir reconnues la dernière fois. Elle devient énorme, alors que, lors de ses grossesses précédentes, elle n'avait pris que très peu de poids. Elle s'inquiète, s'interroge sur les raisons de cette anomalie, sans pour autant y trouver de réponse. Elle finit par consulter un obstétricien.

Rien ne lui donne alors de raisons de paniquer. Les examens des médecins lui apprennent qu'elle attend des jumeaux. La nouvelle met Roberto en joie, il est empli de fierté, il court dans toute la ville pour annoncer la nouvelle.

Cependant, alors que les mois passent, le terme de la grossesse d'Ingrid est bientôt dépassé. L'accouchement est déclenché dans la journée du 18 juin 1952.

1. Isabella ROSSELLINI, Lothar SCHIRMER, *Ingrid Bergman*, p. 298.
2. *Ibid.*, p. 299.

Vers 1917. *Tableau d'un bonheur familial éphémère.* Ingrid, enfant inespérée, pose en compagnie de ses parents, Justus et Frieda, tendres et souriants. Frieda, encore en pleine santé, n'a pourtant plus que quelques mois à vivre.

(I.B. Coll)
Courtesy of the Wesleyan University
Cinema Archives

Vers 1918.
Disparition et souvenir.
Seule Frieda, décédée brutalement au début de l'année à l'âge de trente-trois ans, sourit encore dans le cadre ovale que portent Ingrid et Justus. L'enfant est orpheline, le père est veuf, tous deux vivront désormais l'un pour l'autre.

(I.B. Coll)
Courtesy of the Wesleyan
University Cinema Archives

1936. *Révélation dans* Intermezzo.
En Ingrid Bergman, l'immense acteur Gösta Eckman trouve à qui parler au sein d'une histoire d'amour adultère et passionnelle. L'incroyable densité de la jeune fille de vingt-et-un ans la propulse au sommet du cinéma suédois et lui donne son passeport pour Hollywood.

1942. *Robert Capa au cœur d'un désir triangulaire.*
Le ténébreux photographe, qui pose ici pour le magazine *Life*, entretient avec Ingrid, à partir de 1945, une liaison intense et secrète durant laquelle il lui transmet sa passion pour les films d'un réalisateur qu'il admire par-dessus tout : Roberto Rossellini. C'est finalement ce dernier qu'Ingrid épousera en 1950.

1953. *L'Italie, un tumultueux périple.*
Ingrid, aux côtés de Georges Sanders, dans *Voyage en Italie* de Roberto Rossellini, peu après le scandale de son remariage avec le réalisateur. Un film insolite et baroque dont les dialogues ont été écrits à la dernière minute, à la stupéfaction de son acteur principal.

1957. *Distance et retrouvailles.*
Ingrid en compagnie de ses quatre enfants : Isabella, Robertino, Isotta-Ingrid Rossellini
et Pia Lindström, sa fille aînée, dont elle a été séparée durant plusieurs années. Après sa
rupture avec Roberto Rossellini et son troisième mariage avec Lars Schmidt en 1958,
Ingrid devra de nouveau renoncer à la garde de son fils et de ses deux plus jeunes filles.

Une première petite fille voit le jour, et c'est une belle satisfaction pour ses parents. Ingrid est particulièrement heureuse de cette naissance. *Je désirais beaucoup une fille parce que Roberto avait déjà eu deux fils de sa première femme et un de moi. Il fallait donc que ce soit une fille, et j'avais choisi pour elle le prénom d'Isabella*[3].

Roberto est fou d'amour et d'orgueil, d'autant qu'une seconde petite fille naît, et, cette fois-ci, c'est lui qui choisit son prénom : Isotta-Ingrid, que ses parents appelleront *tout de suite Ingrid*[4]. Les deux enfants ne sont pas de vraies jumelles et sont très différentes l'une de l'autre, dès la naissance.

Le bonheur d'avoir ces deux fillettes est peut-être d'autant plus fort qu'Ingrid vient encore de se voir refuser de voir sa fille aînée, Pia, qui a été officiellement confiée à son père Petter : celui-ci en a obtenu la garde exclusive. La fillette a accepté, à la demande de son père, de ne pas se rendre en Europe pour rendre visite à sa mère.

Ingrid est partagée entre la joie et la souffrance. *J'ai été très déçue d'apprendre que Pia ne viendrait pas cet été-là. Elle me manquait terriblement, c'était presque une douleur physique*[5]. Des jours durant, elle écrit de longues lettres à sa fille qui restent sans réponse. Elle souhaiterait se reposer mais les deux bébés lui demandent une disponibilité constante.

La nouvelle maison d'Ingrid et de Roberto, bien qu'ayant des finitions un peu rustiques, n'a rien à envier aux villas hollywoodiennes les plus luxueuses. Située à Santa Marinella, à soixante kilomètres au sud de Rome, elle se trouve au cœur d'un parc immense orné de palmiers qui se balancent au rythme du vent

---

3. Ingrid BERGMAN, Alan BURGESS, *Ma vie*, p. 357.
4. *Ibid.*
5. *Idem.*

doux. Elle offre à ses propriétaires une vue splendide ainsi qu'un accès direct à la mer.

Il y fait souvent très chaud mais l'air du littoral permet de se rafraîchir.

Les journées y sont extrêmement gaies, le couple reçoit sans cesse et les enfants y sont heureux. C'est là que la famille Rossellini passera tous ses étés, entourée d'oiseaux, de chiens, de poneys, animaux pour lesquels la jeune Isabella nourrira, durant ses premières années, une passion qui la suivra toute sa vie.

Cependant et une nouvelle fois, l'argent vient à manquer. Ingrid s'en inquiète beaucoup, à tel point qu'elle en perd parfois le sommeil. L'insouciance de Roberto en la matière, si elle l'a tout d'abord séduite, n'est pas pour la rassurer. Il continue de dépenser sans compter, gâte sa famille et ses amis, s'endette encore et encore. *Il était très généreux quand il avait de l'argent, et tout autant quand il n'en avait pas. Il aurait donné sa chemise. Le problème, c'est qu'il aurait tout aussi bien donné la chemise d'un autre*[6].

Ingrid en vient à craindre pour l'avenir de ses enfants, se demandant parfois de quelle façon elle va pouvoir leur acheter des souliers le mois prochain.

La solution qui vient à l'esprit de chacun est encore celle de travailler à un nouveau tournage. Dès l'été 1952, alors qu'Ingrid n'a accouché que depuis quelques jours, Roberto lui fait tourner une scène pour une série de sketchs intitulée *Nous... les femmes*, consacrée à la vie quotidienne d'actrices célèbres. Il s'agit d'une commande du producteur et réalisateur Alfredo Guarini, réunissant des cinéastes comme Franciolini ou encore Visconti, chacun réalisant un segment consacré à une actrice. Cette opportunité permet au couple de gagner un

---

6. *Ibid.*, p. 334.

peu d'argent, en attendant de se consacrer à une œuvre plus personnelle et plus sérieuse.

Les mois passent et rien ne se présente. Alors que s'ouvre l'année 1953, Roberto songe plus précisément à un nouveau projet. Ses lectures ont fait mûrir sa réflexion et l'ont inspiré. Il souhaite par ailleurs s'épargner l'écriture d'un scénario original.

Il décide finalement d'adapter *Duo*, le roman de Colette, un huis clos intense entre un mari et une femme dont l'escapade à la campagne tourne bien vite à un affrontement empreint de rancunes et de scènes de jalousie. Naturellement, Ingrid sera l'épouse. Reste à lui trouver un mari acceptable.

Roberto cherche alors un partenaire digne d'elle, et surtout de l'ambition de son film reposant principalement sur les prestations des acteurs qu'il souhaite exceptionnelles. Cette fois-ci, il veut réellement exploiter la notoriété de sa femme et l'univers du cinéma hollywoodien qu'elle porte avec elle. Il lui faut pour son film un comédien de renom. Il faut aussi que ce comédien soit un homme raffiné, sensible, pouvant exprimer une large palette d'émotions tout en sachant rester dans la retenue, incarnant quelque chose de l'ordre du flegme britannique.

Ingrid pense alors à George Sanders, acteur à la beauté froide avec qui elle a déjà tourné dans *La Proie du mort* en 1941.

Sanders a une impressionnante liste de films à son actif. D'origine anglaise, né en Russie, il a une carrière internationale qu'il a peaufinée auprès des meilleurs réalisateurs européens et américains. Il a été l'acteur de Gregory Ratoff, d'Otto Preminger, de Jean Renoir, et d'Alfred Hitchcock.

Sous la direction de ce dernier, il a brillé dans *Rebecca* aux côtés de Laurence Olivier. Chéri par le public et les critiques, il a remporté l'Oscar du meilleur acteur dans un second rôle aux côtés de Bette Davis dans *All about Eve* de Joseph L. Mankiewicz, sorti en 1950.

Acteur de talent, généreux et infiniment ouvert d'esprit, il est également un homme tourmenté et inquiet, pétri de paradoxes. Cynique et sentimental, il exaspère les femmes par sa froideur apparente mais souffre toujours dans ses relations avec elles. Il vient de se remarier avec l'actrice hongroise Zsa Zsa Gabor, femme radieuse, attachante, excentrique, mais difficile, pour ne pas dire caractérielle, dont il est alors le troisième des futurs neuf maris, et avec laquelle il vit une relation houleuse.

Pour Sanders, la proposition de Roberto tombe à pic, tant il souffre des tensions au sein de son couple. Il se dit que ce tournage en Europe sera pour lui l'occasion de prendre des vacances et, laissant sans regrets sa femme au beau milieu d'une dispute, il s'embarque pour l'Italie le cœur léger.

Il n'est pourtant pas près de se reposer auprès de Roberto Rossellini. Dès son arrivée à Rome, habitué à la minutie des contrats hollywoodiens et à la prévoyance des équipes techniques, il comprend à quel point le réalisateur italien ne vit que dans l'improvisation.

En effet, alors que son acteur vedette est déjà sur place, Roberto vient de se rendre compte que les droits du roman de Colette ont déjà été achetés à son éditeur. Il n'a pas pris la peine de vérifier ce détail auparavant. Il ne donne pas l'impression, cependant, de se tracasser, ne laissant transparaître aucune forme de gêne. Au contraire, il affiche un calme désarmant qui a pour effet de rendre Sanders nerveux.

Roberto a décidé d'imaginer un nouveau scénario. Il propose à l'équipe du film de se rendre à Naples afin de l'accompagner dans sa recherche d'inspiration.

Le voyage est, pour George, d'un naturel très impatient, un cauchemar de tous les instants. Tout semble tourner au ralenti. Chaque jour qui passe ressemble au suivant. Roberto se lève à midi, reste des heures le nez en l'air, affiche une nonchalance à toute épreuve et passe plusieurs semaines à filmer les musées napolitains, sans donner à ses acteurs la moindre indication.

Au bout de quelque temps, Sanders est au bord de la dépression. Il téléphone tous les jours à son psychiatre. Quant à Ingrid, sa politesse et son souci des autres la plongent, face à la paresse mutique de Roberto, dans un sentiment d'impuissance intolérable. Elle tente de rasséréner George du mieux qu'elle peut, lui assurant qu'un homme qui a réalisé *Rome, ville ouverte*, ne peut se tromper à ce point. Elle le supplie de lui faire confiance. Mais l'ambiance demeure extrêmement tendue et le pire est encore à venir.

Roberto décide que lui-même et l'équipe se rendront à Capri. Là, il s'adonne tous les jours à l'une de ses passions : la plongée sous-marine. Des jours plus tard, les dialogues du film ne sont toujours pas écrits. Sanders bout intérieurement. Le *Commendatore*, plus détaché que jamais, lui tape sur l'épaule et lui conseille de se détendre. Les paysages qui l'entourent sont magnifiques, sauvages et calmes, la nourriture est délicieuse, Sanders n'a qu'à en profiter.

Rien ne parvient pourtant à l'apaiser. L'absence persistante de direction et de règles le torture au point qu'il lui vient des idées noires. Mais il se contente un beau jour de s'effondrer en larmes, à bout de forces.

Finalement, le tournage prend à peu près tournure et ses dialogues, improvisés à la dernière minute, sont écrits, du moins en partie, quelques heures avant son dernier jour. Le film s'achève dans l'anarchie la plus complète, consacrant une réalisation dilettante sous le signe de la détente touristique. Il s'appellera *Voyage en Italie*.

Si cet étrange objet cinématographique est loin d'être déplaisant, il n'en reste pas moins que son scénario évoque une sorte de récit vaporeux dont on ne comprend ni l'objet, ni le rythme,

ni le dénouement. Chaque scène semble reposer sur une situation paradoxale qui fait ressortir, à travers les personnages
déçus l'un par l'autre, un univers d'ennui et de gâchis. Le
tourisme détaché, la solitude au sein du couple y tiennent la
plus grande place. Et le spectateur se trouve parfois pris dans
le même sentiment d'égarement que l'héroïne anglaise du
film, suivant dans le musée archéologique de Naples un vieux
guide qui mélange antiquités grecques et romaines, nymphes et
souvenirs de famille, empereurs cruels et faunes ivres, prenant
un malin plaisir à créer chez la jeune femme un sentiment
d'étrangeté chaque fois décuplé. Les protagonistes de *Voyage
en Italie*, visiblement perdus, prennent vie dans un décor de
tragédie grecque, sur fond d'une musique à la fois mélancolique
et dissonante.

Lorsque le film sort en salle, quelques mois plus tard, les
critiques sont presque toutes désastreuses. Roberto Rossellini en
est affecté mais il doit admettre, du moins en son for intérieur,
qu'il ne s'est pas démené pour réaliser cette histoire à dormir
debout. Est-il simplement déçu de son mariage ou simplement
désespéré, pour une raison qu'il ne s'explique pas ? Dans tous
les cas, il commence de se montrer de plus en plus aigri.

Au milieu de l'année 1954, Ingrid et Roberto sont à présent
un peu refroidis quant à leurs ambitions cinématographiques
communes. Alors qu'ils avaient été réunis quelques années plus
tôt par un coup de foudre non moins artistique que sentimental,
leurs relations personnelles souffrent de leurs déboires créatifs.
Lentement mais sûrement, le doute s'installe au sein du couple.
L'idée que quelque chose ne *fonctionne pas* fait son chemin dans
l'esprit de l'un et de l'autre. Alors que les tensions de la foule
et de la presse semblent s'apaiser un peu quant au scandale qui
a entouré le départ d'Ingrid en Italie, chacun s'accorde à dire
qu'elle n'est pas mise en valeur par les films de ce metteur en

scène réaliste, dans lesquels elle ne semble décidément pas être à son aise.

Quant à Roberto, il se sent encombré par la présence de cette star qui, d'une certaine manière, le dépasse, lui vole la vedette et, finalement, l'inhibe totalement. Avec Ingrid à ses côtés, il se sent en permanence attendu au tournant par les critiques et, emporté par son propre caractère insoumis, il est parfois comme pris de l'envie inconsciente de tout saboter. Mais le résultat s'en fait sentir et il est particulièrement blessé de sa disgrâce. Ses premiers films prometteurs apparaissent à certains, désormais, comme étant le résultat d'une sorte de chance du débutant.

Malgré son indolence légendaire et l'air détaché qu'il arbore la plupart du temps, lui aussi est tenté de ne plus croire en son talent. Par ailleurs, il ne peut plus ignorer ses problèmes d'argent. *Stromboli* a été un échec, *Europe 51* a eu un succès relatif en Italie mais il est pratiquement passé inaperçu aux États-Unis. Quant à *Voyage en Italie*, les maigres recettes qu'il suscite ne parviennent pas à redresser la situation du couple et ont achevé d'inquiéter les financiers devenus définitivement sceptiques à son égard. Plus personne ne veut verser un centime aux époux Rossellini.

Si Roberto ne laisse toujours rien paraître, il se sent honteux de mettre sa famille dans une telle situation. Il lui faut encore réaliser une œuvre pour ne pas sombrer. Désireux de s'écarter un instant du cinéma, et devant l'enthousiasme d'Ingrid qui rêve de remonter sur les planches, il décide alors d'accepter une proposition du directeur de l'opéra de San Carlo de monter une pièce de théâtre. Celle-ci sera consacrée à un personnage auquel Ingrid a été si souvent associée : Jeanne d'Arc.

Il s'agit de mettre en scène l'*Oratorio* de Paul Claudel et Arthur Honegger, mêlant texte et chant, acteurs et musiciens. Le projet est extrêmement ambitieux. La pièce a déjà été montée dans les années trente puis a disparu des salles de théâtre. Ingrid en a écouté un enregistrement mais ne l'a jamais vue.

Roberto l'arrange à sa manière, il lui est venu pour cela une idée à la dernière minute, comme toujours. Cette idée s'avère pourtant être une trouvaille assez ingénieuse. Il a décidé de projeter des diapositives dans le fond de la salle pour s'épargner les fastidieux changements de décors entre les actes.

La mise en scène comporte pourtant une contrainte indiquée par Claudel : le personnage de Jeanne d'Arc doit rester en permanence attaché au bûcher sans en bouger une seule fois.

Roberto, lui, décide de faire de Jeanne un spectre dont on ne voit que le visage, se déplaçant, vêtu de noir, tout au long du spectacle.

La pièce est montée, jouée d'abord en Italie, à la Scala de Milan et au Teatro Massimo de Palerme, puis à travers toute l'Europe, à Barcelone, à l'Opéra de Paris, à Stockholm et à Londres. Les voyages sont coûteux et pénibles. Ingrid et Roberto amènent leurs trois jeunes enfants avec eux et doivent payer une nourrice qui les accompagne en permanence. Les représentations sont épuisantes. Ingrid a appris son texte dans quatre langues différentes. En Suède, si le public est très accueillant, les critiques se montrent particulièrement féroces, multipliant des attaques personnelles qui n'ont rien à voir avec la pièce elle-même, ce qui la blesse profondément.

Cependant, l'*Oratorio* remporte un grand succès populaire et les spectateurs applaudissent à tout rompre. Paul Claudel lui-même, contre toute attente, est enthousiasmé par cette mise en scène qui ne respecte pas ses indications.

Après cette expédition théâtrale, Roberto et Ingrid tournent *Jeanne au bûcher*, une adaptation de l'*Oratorio*, puis *La Peur*, dont Ingrid garde un souvenir effroyable. Le film est un échec cuisant et les critiques le massacrent d'un commun accord. On dresse à présent un bilan désastreux de l'association Bergman-Rossellini, *La Peur* serait la quintessence de leur fiasco. *Une demi-douzaine de tentatives infructueuses suffisent à prouver l'incapacité du couple à créer rien d'acceptable ni pour le public ni pour les critiques. Vedette incontestée, star numéro un du cinéma mondial, émule de Greta Garbo, Ingrid Bergman n'est plus dans ce film que l'ombre d'elle-même*[7].

Ingrid, quant à elle, est, sur tous les plans, de plus en plus isolée. Elle a tout d'abord été soulagée de renouer avec sa fille aînée, Pia Lindström qui, après plusieurs mois, a recommencé de lui écrire.

Elle regrette de ne pas pouvoir se rendre aux États-Unis. Mais, en définitive, elle n'ose plus y aller. Elle pourrait sans doute braver l'interdiction qui lui a été faite de remettre les pieds sur le sol américain. Les services de l'immigration ne pourraient sans doute pas, qui plus est après tout ce temps, lui refuser de rendre visite à sa fille sur le nouveau continent.

Le vrai problème est autre part. Depuis longtemps déjà, Roberto lui a interdit de faire ce voyage, de peur qu'elle ne le quitte. Comme à son habitude, il l'a menacée à maintes reprises de se tuer ou de la priver de sa nouvelle famille. Il est obsédé par l'idée qu'Ingrid pourrait disparaître du jour au lendemain. Pour lui, il est fort possible qu'elle se sépare de lui et de leurs trois enfants. Elle a déjà abandonné une première fois son foyer pour lui, il la croit capable de recommencer pour un autre.

Par ailleurs, il continue de la maintenir dans un état de dépendance professionnelle en lui interdisant de tourner avec d'autres metteurs en scène. Ingrid en souffre, mais Roberto sait se montrer persuasif, voire violent, excellant encore et toujours dans le chantage affectif. *Il y avait tous ces prodigieux metteurs en*

---

7. Donald SPOTO, *Ingrid Bergman*, p. 298.

scène italiens : Zeffirelli, Fellini, Visconti, De Sica. Tous voulaient travailler avec moi comme j'avais envie de travailler avec eux, et ils étaient furieux que Roberto ne me laisse pas, ils le lui disaient... Mais selon Roberto, je lui appartenais[8].

À mesure que les mois passent, Ingrid, qui trouve pourtant un certain réconfort auprès de ses enfants, se sent de plus en plus impuissante face à une carrière qui lui échappe.

En outre, la mort de Robert Capa, qu'elle a apprise récemment, la plonge dans une immense mélancolie. Et, cet événement, au-delà de la tristesse profonde qu'il suscite, lui rappelle un peu mieux les circonstances dans lesquelles était né son amour pour Roberto. Elle avait furieusement aimé Capa, elle aurait pu fuir avec lui. Elle n'y était peut-être pas prête elle-même mais elle avait espéré secrètement qu'il le lui propose, qu'il l'emmène, elle en avait éprouvé une déception qu'elle ne s'était jamais totalement avouée. Par ailleurs, elle ne l'oubliait pas, c'était lui qui lui avait parlé de Roberto pour la première fois. Il lui avait dit à quel point il admirait ce réalisateur. C'était avec les yeux admiratifs de Capa qu'Ingrid avait vu ses films. Et, ne pouvant avoir pour elle seule l'homme qu'elle aimait, elle s'était peut-être bien éprise de ce que cet homme aimait par-dessus tout.

Les choses, bien sûr, n'étaient pas aussi simples, et l'origine de son histoire n'enlevait rien à l'amour éperdu qu'elle avait porté à Roberto dès leur première rencontre. Mais il n'en restait pas moins qu'elle resituait soudain son actuel mariage dans un contexte de désir triangulaire qui lui faisait voir Roberto autrement, non plus comme une nécessité, une âme sœur unique à laquelle elle était destinée, mais comme un amour parmi d'autres qui prenait part à une histoire complexe dont il ne pouvait se détacher.

---

8. Ingrid BERGMAN, Alan BURGESS, *Ma vie*, p. 390.

La peine qui la saisit à l'annonce du décès brutal de Robert Capa, survenu en Indochine, exaspère Roberto, qui ne supporte pas l'idée que sa femme ait aimé un autre homme avant lui. Il se sent plus que jamais en danger. Cependant ses crises de jalousie accroissent un peu plus la solitude d'Ingrid qui, sommée de dissimuler ses larmes, ne s'en trouve que plus triste. Devant Roberto, elle essaie de donner le change, feignant le détachement, s'inventant des intérêts soudains et des conversations légères, mais ses mots respirent le chagrin et l'incohérence.

L'ambiance au sein du couple devient délétère. Ingrid songe un instant à s'échapper, mais elle connaît le caractère explosif de son mari. Il lui fait peur. Il ne la laisserait jamais emmener ses enfants. La perspective de ne plus les voir lui est insupportable, tant elle souffre encore et toujours de l'éloignement de sa fille aînée. Elle est néanmoins de plus en plus usée par les colères de Roberto, et surtout par sa possessivité. Une fois de plus, elle attend une délivrance.

C'est le réalisateur Jean Renoir qui va lui offrir l'échappatoire tant attendue. L'homme qui avait depuis si longtemps désiré tourner un film dans lequel elle aurait le premier rôle y avait pourtant renoncé, découragé par sa notoriété lorsqu'elle était une vedette internationale extrêmement populaire. À présent qu'elle est tombée dans une sorte de déchéance et d'éloignement, bien loin des projecteurs hollywoodiens, Renoir se rend en Italie pour la voir avec un nouveau projet. Si elle en est enthousiasmée, elle ne peut s'empêcher de trembler en redoutant la réaction de son mari.

À sa grande surprise, ce dernier, qui nourrit un grand intérêt pour l'œuvre de Jean Renoir, se laisse convaincre et donne à sa femme un feu vert inespéré. Il semble qu'à cet instant, Roberto ait compris qu'il ne peut plus s'acharner à garder Ingrid pour lui seul. Lui-même doit s'être résigné à prendre ses distances artistiques avec elle et à envisager un tournage plus personnel, sur un sujet très différent de ceux qui l'avaient occupé jusqu'à présent.

Ingrid peut ainsi se rendre en France pour tourner ce nouveau film dont elle connaît à présent le titre. Elle est joyeuse et fait ses valises le cœur léger. Elle a prévu d'y aller avec Roberto et les enfants. *Et c'est ainsi que je suis partie pour Paris pour tourner* Elena et les hommes. *Roberto, lui, était en train de prendre certaines dispositions pour aller faire un film en Inde, ce qui expliquait peut-être en partie son changement d'attitude. En outre, Renoir était l'un des très rares metteurs en scène qu'il admirait*[9].

Le tournage avec Renoir se passe le mieux du monde. Ingrid ressent le plaisir intense de la liberté retrouvée. Le film est pour elle comme une récréation improvisée dont elle veut profiter. À quarante ans, elle n'en est que plus belle et semble avoir rajeuni depuis ses derniers films avec Rossellini. Dans *Elena et les hommes*, comédie fantaisiste au rythme endiablé, elle crève l'écran dans ses toilettes extravagantes. Ses pommettes roses, ses cheveux blonds et ses yeux clairs, d'un bleu-vert anis presque translucide, ressortent mieux que jamais dans ces scènes de fêtes colorées, filmées en technicolor, lui donnant une allure particulièrement gaie et lumineuse.

Elle incarne une princesse polonaise virevoltante et fantasque qui a le don de porter bonheur à ceux qu'elle rencontre et dont les hommes tombent amoureux les uns après les autres. Si le film peut sembler parfois bouffon et criard, il n'en reste pas moins qu'il est parfois irrésistiblement drôle. Bien plus léger que *La Règle du jeu*, tourné juste avant la guerre, il en conserve pourtant le rythme, les chansons et les personnages secondaires

---

9. Ingrid BERGMAN, Alan BURGESS, *Ma vie*, p. 393.

comiques, tels que la soubrette insolente et courtisée par deux hommes, qui donnent souvent aux scènes des allures de pièces de théâtre. Le personnage d'Eugène Martin-Michaud, poltron et benêt, ainsi que celui de l'épaisse cantatrice, excentrique et ridicule, donnent à voir quelques séquences désopilantes.

Ingrid s'amuse énormément, et les cinq mois aux côtés de l'équipe de Renoir, de novembre 1955 à mars 1956, passent en un éclair. Tous les dialogues, pour une fois, ont été écrits à l'avance, tout semble glisser sur des rails. Elle se délecte de ce luxe qu'elle avait oublié. Ses partenaires, Jean Marais, Mel Ferrer et Juliette Gréco, lui donnent la réplique avec un talent et un professionnalisme qu'elle apprécie intensément.

Mais, à mesure qu'elle reprend de l'assurance et s'épanouit, Roberto, lui, semble se renfermer sur lui-même et s'assombrir. Sa carrière est au point mort. Il ne trouve à présent plus personne pour financer ses films. Alors qu'il s'était vu proposer de mettre en scène une pièce au Théâtre de Paris, on lui annonce finalement qu'il en est écarté, qu'on vient de le remplacer par un autre. *J'étais sincèrement désolée. Pour lui, il me semblait que c'était une nouvelle possibilité de départ, la possibilité de faire à nouveau quelque chose de bien tangible... Roberto était anéanti*[10].

La gifle est terrible, et il est à présent d'une humeur massacrante. Très peinée pour son mari, Ingrid sait aussi par expérience que tout son malheur se répercute immédiatement sur elle.

Fou de jalousie de la savoir en plein tournage, il l'a déjà menacée de repartir du jour au lendemain avec les enfants sous le bras. Le désœuvrement le tue, il ne parvient pas à s'exprimer, il se voue à lui-même une haine qui le ronge.

---

10. *Ibid.*, p. 395.

Plus que jamais, il envie Ingrid de pouvoir se reposer sur les possibilités d'autres réalisateurs, de disposer selon ses envies de propositions qui semblent lui tomber du ciel.

La rancœur qui l'habite n'est qu'attisée par le sentiment qui le frappe comme une certitude, lorsqu'il voit Ingrid rentrer tous les soirs du tournage le sourire aux lèvres : *Elena et les hommes* est une réussite et sera un succès, il sera plébiscité par les critiques mais aussi par le public.

Roberto a compris à présent que cette femme qui représente pour lui à la fois son actrice fétiche, son inspiration, son appui financier et son épouse lui échappe. Elle s'est à présent émancipée, elle a retrouvé le goût de faire des choix. Il a fallu cette proposition de Renoir, ce petit grain de sable dans le rouage d'isolement parfait qui l'entourait, pour que toute la machine s'arrête.

Désormais, les propositions s'accumulent pour Ingrid, et l'une d'entre elles attire particulièrement son attention. C'est Kay Brown, l'une de ses plus fidèles amies et l'immuable bras droit de David Selznick, qui revient à la charge et décide, comme elle l'avait fait plus de quinze ans auparavant, de la sortir de l'ombre.

Elle la persuade de rencontrer le réalisateur Anatole Litvak au Plaza Athénée. Celui-ci lui propose un scénario particulièrement ambitieux qui l'intéresse immédiatement. Il s'agirait pour elle d'incarner une inconnue, abandonnée, vagabonde qu'un homme mystérieux décide de faire passer auprès de l'impératrice douairière Maria Fedorovna pour sa petite-fille Anastasia. L'inconnue doit donc prétendre être la fille cadette du tsar Nicolas II, qui aurait survécu au massacre de toute sa famille. Mais, petit à petit, l'intrigant et l'impératrice elle-même se rendent compte que cette inconnue connaît des détails que seul un membre de la famille Romanov peut connaître.

Ingrid souhaite absolument faire ce film dont l'histoire la passionne, d'autant qu'il dispose d'un budget exceptionnel de trois millions et demi de dollars, ce qui lui assurerait aussi un salaire considérable.

Mais elle apprend également que le tournage devra se dérouler à Londres, alors que Roberto est retenu par ses projets incertains à Paris.

La réaction de celui-ci est à la hauteur de ses craintes. Malgré l'argument de la rentrée d'argent si nécessaire au redressement de la situation financière désastreuse du ménage, Roberto refuse de laisser partir sa femme.

Ingrid a cependant repris ses esprits depuis son tournage avec Renoir. Elle se sent changée, elle ne veut pas reculer. Après toutes ces années, Roberto ne lui fait plus peur.

Comme d'habitude, il a menacé d'envoyer la Ferrari dans un arbre. Son chantage au suicide ne datait pas d'hier, et j'y avais souvent cédé. Mais cette fois, je voulais faire Anastasia. *Et je ne croyais plus à ses menaces*[11]. Elle part, convaincue de faire le bon choix.

Le rôle de la mystérieuse Anna Koreff, fragile et rejetée, torturée par les remords, puis triomphante en grand-duchesse enfin reconnue, constitue sans nul doute une partition infiniment délicate.

Ingrid impressionne ses partenaires, dont Yul Brynner et Helen Hayes, qui ne peuvent que s'incliner devant son talent. Il semble qu'elle sache tout exprimer, de la maladresse maladive qui caractérise son entrée dans le champ de la caméra jusqu'au combat pour sa reconnaissance et la dignité retrouvée des dernières scènes. L'histoire, une fois encore, semble s'adapter parfaitement à la situation d'Ingrid, honnie des années durant par la presse et la foule, et retrouvant, à travers ce film, son éclat du passé.

11. *Ibid.*, p. 397.

Anastasia est sans aucun doute un film marquant, dont les tableaux restent gravés. Tout, dans ce long-métrage aux décors somptueux, aux images d'antichambres feutrées et douillettes comme des secrets murmurés, est pour le spectateur comme une future réserve de souvenirs. Chaque personnage, chaque scène est un bijou de subtilité. Yul Brynner, dont le crâne chauve, les yeux bridés et le pas martial lui donnent une allure inquiétante, est un partenaire hors du commun.

Le moment de la confrontation entre l'impératrice Maria Fedorovna et la jeune inconnue s'est imposé comme une scène d'anthologie. Les deux femmes, interprétées par Ingrid et Helen Hayes, font preuve, au cœur même de leurs doutes et de leur souffrance, d'une impressionnante dignité. La conversation débute avec une telle froideur que l'on en ressent du malaise. Mais les dialogues ne s'en apprécient que mieux, s'apparentant à une sorte de crescendo émotionnel. Et le basculement final, la tendresse qui perce enfin puis éclate dans la voix brisée de la vieille dame accablée par la solitude est de toute évidence l'une des séquences les plus fortes du film, que les critiques apprécieront par-dessus tout. *Dans cette scène en particulier, les comédiennes montent peu à peu, passant de l'expression du remords aux récriminations et au plaidoyer, puis à l'amour né du désespoir*[12].

Lorsque Litvak achève le tournage du film, au mois d'août 1956, il sait qu'il tient la possibilité de réaliser ce qui pourrait être considéré comme un chef-d'œuvre. Ingrid, qui a donné le meilleur d'elle-même, si elle persiste encore à douter de son talent, comprend pourtant qu'elle vient d'accomplir un travail extraordinaire. Quant aux scénaristes, mais aussi aux acteurs, aux maquilleurs, aux costumiers, tous excellents, ils

12. Donald SPOTO, *Ingrid Bergman*, p. 304.

semblent avoir réalisé ensemble pour elle un écrin velouté qui la fait apparaître plus brillante, plus énigmatique.

Aussi, lorsqu'elle rentre de Londres, Ingrid est encore pleine de l'intensité de son jeu, du plaisir d'avoir tourné avec des partenaires talentueux, du rêve qu'ont représenté les semaines passées dans les rutilants studios londoniens de Borehamwood. Il lui semble qu'elle est définitivement sortie d'un long sommeil. Une nouvelle fois, sa vie s'est illuminée. Elle vient d'avoir quarante et un an et se sent dans un nouvel âge, heureux, épanoui.

Son mari, lui, l'attend à Paris, parfaitement éteint. Il a obtenu un financement pour réaliser un voyage en Inde, mais ce projet ne semble pas l'enchanter. Tout, dans son attitude, préfigure la défaite et la résignation.

Il n'est plus qu'*un Roberto boudeur, qui prépare son voyage d'un air maussade*[13].

La tension est à son comble. Ingrid et Roberto tentent de donner le change afin de préserver leurs enfants. Mais ils sentent que quelque chose s'est cassé. La disparité entre l'un et l'autre est trop forte, et Roberto ne peut le supporter. Séparée de lui pour quelques mois seulement, Ingrid a accompli quelque chose d'exceptionnel. *Elena et les hommes* est un triomphe. *Anastasia*, dont le tournage même a commencé de faire du bruit dans la presse, est d'ores et déjà pressenti, dans les conversations des plus avertis, pour quelques belles récompenses à la cérémonie des Oscars. Pour Roberto, Ingrid a prouvé qu'elle n'a pas besoin de lui. Pire, elle a montré à tous à quel point il l'avait jusque-là empêchée de se réaliser. Lui-même, pendant tout ce temps, n'a rien fait. Plus que de raison, il se hait, ce qui le rend chaque jour plus odieux.

Sa mauvaise humeur atteint des sommets lorsqu'Ingrid refuse de revenir sur un engagement qu'elle avait pris, quelques mois

13. *Ibid.*, p. 305.

plus tôt, d'interpréter le rôle principal dans une pièce parisienne, *Thé et sympathie*.

Celle-ci, qui doit être jouée au Théâtre de Paris, déplaît à Roberto, entre autres parce qu'elle traite de l'homosexualité, un sujet qui le met particulièrement mal à l'aise. Il commence par interdire à Ingrid d'y apparaître. Elle refuse. Puis il lui prédit un échec cuisant et se moque d'elle durant des jours. Il s'enferme encore dans l'hostilité, devient cynique et cruel. Il en vient à parier sur le nombre de spectateurs qui quitteront la salle avant la fin de la représentation liminaire.

Mais, le soir de la première, la pièce est un triomphe et Ingrid est ovationnée. Roberto est vexé, il a bel et bien perdu la face. *La salle était en délire. Debout, les spectateurs hurlaient et applaudissaient. Les bravos n'arrêtaient plus. Et puis je suis allée saluer seule au milieu de la scène, et en me relevant de ma révérence, j'ai tourné la tête vers Roberto. Nos regards se sont rencontrés, nous nous sommes regardés bien en face. Et j'ai compris que, même si nous restions ensemble, notre mariage était terminé*[14].

Le soir même, Roberto s'envole pour l'Inde. Il est furieux, sa colère sourde semble définitive. Peut-être a-t-il pressenti également que, depuis quelques semaines, sa femme lui échappe aussi d'un point de vue purement sentimental. Car Ingrid s'est peu à peu rapprochée de Robert Anderson, l'auteur de *Thé et sympathie*. Celui-ci a perdu sa femme depuis peu et a trouvé chez cette actrice pleine d'entrain un peu de la joie de vivre qui lui fait défaut dans cette période obscure. Par ailleurs, Ingrid est en train de relancer sa carrière. Il lui voue pour cela une reconnaissance infinie. Très vite, une tendresse très forte est née entre Ingrid et cet homme dont la fragilité apparente contraste tant avec l'aplomb parfois brutal de Roberto.

---

14. Ingrid BERGMAN, Alan BURGESS, *Ma vie*, p. 400.

Tandis que la pièce connaît un succès retentissant et joue à guichets fermés à chaque représentation, *Anastasia* sort enfin dans les salles.

Le succès est là aussi au rendez-vous. Les critiques sont élogieuses et le *New York Times* écrit de la prestation d'Ingrid qu'elle mérite un Oscar. Toute la presse s'enflamme. Des milliers de lettres somment les journaux d'interviewer la magistrale Ingrid Bergman.

Alors qu'elle s'est vu décerner le Prix de la critique, elle est enfin invitée à New York pour le recevoir en main propre. Les années ont passé, les esprits se sont apaisés, elle ne peut que refaire surface. Pour Ingrid, le temps de la disgrâce, des insultes et des menaces est bel et bien fini. Il lui faut à présent faire une grande et belle réapparition.

VIII

La perspective du grand retour d'Ingrid aux États-Unis avait été envisagée dès le tournage d'*Anastasia*, durant l'été 1956. Les représentants de la production, enthousiasmés par la prestation de leur actrice, avaient laissé entendre sa possibilité par le biais d'allusions savamment disséminées au cours de conversations avec les journalistes.

Aussitôt, le populaire Ed Sullivan, présentateur d'un show télévisé très largement suivi, avait été séduit par l'idée de cette réapparition. Il avait envoyé une équipe à Londres pour filmer un bref entretien avec Ingrid. Mais, après un sondage réalisé auprès de son public, le verdict était tombé : l'exilée n'était toujours pas la bienvenue sur le devant de la scène américaine, et l'entretien n'avait finalement pas été diffusé.

Néanmoins la sortie du film a indéniablement changé la donne. Une fois de plus, Ingrid est, dans l'esprit collectif, redevenue inséparable du personnage qu'elle interprète. *Le public et les critiques reconnaissent peut-être Ingrid Bergman en cette Anastasia qui lui ressemble tant : jadis déchue, mais toujours indomptable et finalement triomphante. L'Amérique n'aime*

rien tant que de faire un grand geste de pardon à l'égard d'une
pécheresse qui a passé bien assez de temps dans l'habit du forçat[1].

Si l'idée de revenir en Amérique rend Ingrid nerveuse, il
n'en reste pas moins que les derniers jours de l'année 1956 sont
pour elle un bonheur. Aux côtés de Robert Anderson, alors que
Roberto est parti en Inde, elle profite de ses instants de détente
retrouvée. Elle vient par ailleurs de recevoir l'argent qu'elle a
gagné en tournant *Elena et les hommes* puis *Anastasia*. Quant à
celui des représentations de la pièce *Thé et sympathie*, elle peut
également, en l'absence de Roberto, le toucher elle-même.

La période d'angoisse et des dettes chaque jour creusées est à
présent derrière elle. Elle a enfin le sentiment que cet argent lui
appartient. Elle a toujours gagné sa vie par l'intermédiaire d'un
homme, son oncle Otto, Petter Lindström, David Selznick, et
enfin Roberto. Et elle qui a souvent commencé par se préoc-
cuper financièrement des autres, de ses enfants, de son mari,
décide un jour de se faire plaisir. Alors qu'elle se promène dans
les rues de Paris, elle entre chez un marchand d'art et s'achète
un tout petit tableau d'un très grand peintre, Auguste Renoir.
C'est une folie qui, à cet instant, n'appartient qu'à elle. Elle en
savoure le plaisir.

C'est la première fois de ma vie que je vois la couleur de mon
argent. Alors je me suis fait une surprise. Je suis sortie m'acheter
quelque chose, pour moi[2] !

À quarante et un ans passés, il lui semble parfois qu'elle sort
de l'enfance, tant elle a vécu jusque-là dans un état de perpétuelle dépendance. Elle se sent à présent débarrassée d'un grand
poids. Elle est dans une période de grande disponibilité. Elle est
curieuse de tout, profite de ses rares soirées libres pour sortir.

---

1. Donald SPOTO, *Ingrid Bergman*, p. 308.
2. *Ibid.*, p. 311.

Elle se rend avec Robert Anderson à une représentation de la pièce *La Chatte sur un toit brûlant*, et rencontre son producteur, Lars Schmidt, qu'elle prend tout d'abord pour l'un des garçons qui servent le champagne. Lars Schmidt est un homme de trente-neuf ans, intelligent et timide, au visage rond, portant d'épaisses lunettes, ni très beau, ni très laid, qu'elle remarque à peine. Elle le revoit pourtant, quelques jours plus tard, devant l'insistance de Kay Brown qui souhaite le lui présenter, et dîne avec lui peu avant son départ pour les États-Unis.

Elle se découvre avec cet homme courtois, infiniment cultivé, des points communs qu'elle n'avait jamais soupçonnés chez personne. Elle aime sa conversation, sa façon de tourner, comme elle le fait souvent elle-même, ses compatriotes en dérision. Il n'est pas question pour le moment d'envisager autre chose mais Lars Schmidt l'apaise, il l'admire et lui donne une image d'elle-même à la fois flatteuse et réaliste qui lui fait du bien, la rassure.

Lorsqu'Ingrid, en route pour son grand retour dont parlent tous les journaux, prend son vol pour New York, elle se trouve empreinte d'une sérénité nouvelle et se sent prête à affronter les journalistes qui l'avaient calomniée, la foule qui l'avait rejetée, tout ce pays dont le Sénat l'avait déclarée indésirable. Jusque-là, ce voyage ne l'enchantait guère, mais il s'inscrivait dans le cadre de son contrat établi par les producteurs d'*Anastasia* qui comportait une clause de participation à la publicité du film. Comme toujours, elle avait mis un point d'honneur à honorer ses engagements professionnels.

Mais, alors qu'elle survole l'Atlantique, elle saisit tout l'enjeu de ce déplacement. Elle sait qu'il lui faut faire ce pas, retourner à l'endroit de sa disgrâce pour tenter d'en guérir.

Elle est seule avec ses pensées. Elle songe à sa fille qu'il lui faudra sans doute renoncer à voir au milieu de l'agitation qui l'attend, tant elle appréhende le harcèlement constant de certains journalistes et leur manie d'interpréter chacun de ses actes. Malgré les propositions de ses proches, elle a refusé d'être accompagnée d'un agent ou d'un ami, anticipant les critiques de la presse qu'elle connaît trop bien et qui verrait là un signe de faiblesse.

Le 19 janvier 1957, Ingrid, vêtue d'un tailleur sombre qui fait ressortir la pâleur de sa peau, descend de l'avion et foule le sol de l'aéroport d'Idlewild sous des pluies de flashs et des tonnerres d'applaudissements. Sa venue est un événement que personne n'a voulu manquer, malgré le ciel livide et le vent froid de l'hiver. Des jeunes gens brandissent des pancartes sur lesquelles est inscrit *We missed you, Miss Bergman* ou encore *Welcome home*. La Fox lui a concocté un programme promotionnel de choc, concentré en trente heures, sans prévoir aucune interruption dans son emploi du temps. Les événements s'enchaînent très vite, et Ingrid commence par donner la conférence de presse que la Fox a prévue pour elle à l'aéroport. Les questions fusent sans faux-semblants, rien n'est épargné : le départ, la condamnation unanime de la presse, les éventuels regrets. Il faut garder son calme et sourire, ce que fait Ingrid avec une grâce que chacun reconnaît.

Le sentiment du temps qui passe, chez cette femme qui s'est vue tant de fois à l'écran, et qui, par conséquent, est habituée à voir son image évoluer, son visage se marquer imperceptiblement, se ressent fortement dans ses propos. Alors qu'elle n'est encore que dans sa quarante-deuxième année, ses déclarations semblent être le bilan d'une existence déjà en grande partie derrière elle. Elle se sent à présent être une actrice dont la période de gloire est révolue, et elle exprime une sorte de nostalgie de ses jeunes années, sans pour autant faire de mea culpa. *J'ai eu une vie magnifique. Je n'ai jamais regretté ce que j'ai fait. Toute ma vie, j'ai fait exactement ce que je voulais, souvent sans perdre de temps*[3].

3. *Ibid.*, p. 313.

Les journalistes la suivent tout au long de son parcours éclair mené tambour battant. Alors qu'elle se rend à l'une des représentations de *My Fair Lady* au Mark Hellinger Theatre, elle est repérée par le public et ovationnée par la salle. Elle ne peut prétendre au moindre instant de tranquillité. Elle brûle de revoir sa fille qui étudie alors à l'Université du Colorado, la pensée de la savoir si près d'elle lui déchire le cœur. Elle y songe un instant, imagine faire une entorse à son programme pour la contacter, se précipiter à ses côtés. Toutefois l'émotion est trop forte, elle la submerge. Le fait d'affronter ceux qui l'ont conspuée quelques années plus tôt est une épreuve de tous les instants. Revoir sa fille en coup de vent au milieu des flashs, se voir une fois de plus voler son intimité, ses larmes et ses remords, tout cela serait pour elle insoutenable.

Mais la jeune Pia Lindström, âgée de dix-huit ans, qui a appris la venue de sa mère aux États-Unis par la presse, ne peut supporter de ne pas être sollicitée à ce moment-là, et prend l'absence d'Ingrid pour un aveu d'indifférence. De cet épisode restera chez elle un traumatisme ancré dans sa mémoire comme une preuve certaine de désamour.

Pour Pia, ça a été une blessure qui a eu bien du mal à guérir... Elle a eu beaucoup de peine à comprendre. Et aujourd'hui encore, si elle le comprend intellectuellement, je crains que, dans son cœur, elle n'admette pas vraiment la façon dont je me suis comportée[4].

Pia ne reverra finalement sa mère que six mois plus tard, à Paris. Mais les retrouvailles seront quelque peu entachées par cet épisode que la jeune fille garde au fond d'elle-même, malgré la douceur et la maturité qui transparaîtront dans son attitude.

Après qu'Ingrid a reçu le Prix de la critique, elle s'envole de nouveau pour Paris sans rester davantage sur le nouveau

---

4. Ingrid BERGMAN, Alan BURGESS, *Ma vie*, p. 413.

continent. Les problèmes qui l'attendent en Europe, notamment le retour prochain de Roberto qui ne peut se solder que par une séparation définitive, lui laissent à penser qu'elle doit rassembler ses forces et ne pas se blesser davantage.

Aux États-Unis, Ingrid n'a pas non plus pris le temps de rencontrer Robert Anderson, lui aussi de passage à New York, et plus que jamais désireux de la voir. À ses demandes insistantes et à ses déclarations d'amour passionnées, elle répond finalement, avec une tendresse réelle mais aussi une indiscutable fermeté, de bien vouloir l'oublier. Elle le prie, du moins, de s'efforcer de ne plus nourrir cet amour dévorant pour elle. Elle ne se sent pas la force de porter cette passion, de garder un homme que le récent veuvage rend dépendant et qu'il faut soutenir à bout de bras.

Je veux que tu te prennes en main. Je ne peux pas t'aider. Maintenant, tu dois t'en sortir tout seul[5].

Ingrid reprend les représentations de la pièce *Thé et sympathie*. Mais elle reprend également ses habitudes et ses sorties avec Lars Schmidt. Peu à peu, elle s'attache sans retenue à cet homme prévenant qui lui semble incroyablement sain et sans la moindre pointe de rancune. Avec lui, le sentiment d'oppression qui a tant de fois serré sa poitrine se dissipe. Lars ne connaît pas la frustration, il a du succès dans son métier de producteur, il est très riche et fait exactement ce qu'il veut faire. En sa compagnie, elle ne se sent plus obligée de s'excuser de sa propre réussite. Et celle-ci sera des plus éclatantes lorsque l'on apprendra, quelques semaines plus tard, le 27 mars 1957, qu'Ingrid vient de remporter l'Oscar de la meilleure actrice pour sa prestation dans *Anastasia*.

C'est son vieil ami Cary Grant qui le reçoit en son nom, devant une salle qui l'applaudit à tout rompre. Ingrid ne peut écouter son ami en direct, mais elle saisit les mots de son discours

5. Donald Spoto, *Ingrid Bergman*, p. 314.

le lendemain, via la retransmission de la cérémonie à la radio. Son fils Robertino, qui a entendu prononcer le nom de sa mère, lui apporte le poste alors qu'elle est plongée dans son bain. *C'est à ce moment-là que j'ai vraiment reçu l'Oscar, et mes yeux se sont remplis de larmes*[6].

Devant l'air interrogateur de son petit garçon de sept ans, elle craque, savoure sa joie et mesure le chemin qu'il lui a fallu parcourir pour obtenir pour la deuxième fois une récompense aussi convoitée. Cet Oscar est lourd de sens à cette période charnière de sa vie. Il est bien sûr une sorte de revanche et une réhabilitation officielle. Il est aussi le fruit de son acharnement auprès de Roberto qui lui avait interdit de se lancer dans ce tournage londonien ; parce que cette reconnaissance est aussi celle d'une prestation parfaitement indépendante de son mari, elle est la marque publique, justifiée ou non, de la réussite d'Ingrid et de l'échec de Roberto. Cette récompense est le signe définitif qu'une nouvelle page se tourne, elle le sent avec une indiscutable lucidité. Roberto, qu'elle sait déjà aigri et déçu, ne lui pardonnera pas son triomphe.

Alors qu'elle a elle-même entamé dans le plus grand secret une relation sincère et profonde avec Lars Schmidt depuis plusieurs mois, elle apprend qu'un nouveau scandale est sur le point d'éclater en Inde. Des rumeurs courent au sujet d'une liaison qu'entretiendrait Roberto avec une jeune Indienne de vingt-sept ans, Sonali Dasgupta, elle-même mariée et mère de deux enfants. La presse, qui est peu à peu mise au parfum, ne manque pas d'interroger Ingrid à ce sujet.

Elle hausse les épaules, fait comme si de rien n'était. Mais, si elle n'en veut pas une seconde à ce mari dont elle se sent déjà séparée, l'indiscrétion de ce dernier la met mal à l'aise et la place

6. *Ibid.*, p. 316.

au cœur de toutes les conversations. Les tumultes l'épuisent et les questions des journalistes, toujours orientées de la même façon, l'exaspèrent. Pour la énième fois, le public perçoit sa vie d'une manière totalement déformée.

Par ailleurs, Ingrid doit régler elle-même les problèmes de Roberto. Entaché par le scandale et plus que jamais endetté, il est à présent vu par les Indiens d'un très mauvais œil. Les autorités indiennes lui ont confisqué la pellicule de son film et refusent de la lui rendre alors qu'il s'apprête à quitter le pays. Ingrid fait jouer ses relations personnelles et, grâce à l'une de ses amies, se rend en personne à Londres auprès du Premier ministre Nehru en l'implorant de rendre à son mari le fruit de son travail. Au contact d'Ingrid, Nehru se montre réservé et reste assez évasif sur la décision qu'il prendra. Mais, vingt-quatre heures plus tard, le problème est résolu et Roberto peut repartir avec son film.

Lorsqu'il rentre enfin de voyage, ses retrouvailles avec sa femme sont chaleureuses, du moins en apparence. Pour faire cesser les ragots, le couple Bergman-Rossellini se montre plus uni que jamais. Tous deux se serrent dans les bras l'un de l'autre devant l'incompréhension des nuées de journalistes venus dans l'espoir de capturer les images tapageuses d'une dispute.

Cependant, lorsque les époux se retrouvent enfin dans la suite de l'hôtel Raphael, leur attitude artificielle se déconstruit pour devenir on ne peut plus distante. Ingrid prend les devants et demande à Roberto s'il veut divorcer. Sa réponse est éloquente. *Oui, j'en ai assez d'être Monsieur Bergman*[7].

Ingrid pense que tout est arrangé. Roberto et elle se sont mis d'accord sur le principal, le reste devrait se passer dans un climat amical.

---

7. Ingrid BERGMAN, Alan BURGESS, *Ma vie*, p. 425.

Pourtant, Roberto lui impose immédiatement deux conditions qui lui semblent de mauvais augure : tout d'abord, il lui interdit d'emmener ses enfants aux États-Unis, sous quelque prétexte que ce soit. Ensuite, il veut lui faire promettre qu'elle ne se remariera jamais.

Cette dernière exigence ne manque pas, sur le coup, d'amuser Ingrid, tant elle reflète le caractère possessif de ce mari qui revendique un droit d'exclusivité sur sa future ex-femme, alors même qu'il a entamé une liaison avec une autre. *Et je me suis mise à rire. C'était tellement drôle. Ça ressemblait tellement à Roberto*[8] !

Les jours passent, la nouvelle de la future séparation se propage dans la presse. Si tout le monde est au courant de la liaison de Rossellini avec la jeune Indienne, personne ne se doute qu'Ingrid a entamé une première histoire d'amour extraconjugale avant même que ne l'ait fait son mari. Les journalistes, qui ignorent tout de ses liaisons avec Robert Anderson et surtout avec Lars Schmidt, ont tôt fait de faire d'elle une femme bafouée, séduite puis quittée par un Italien charmeur et volage.

Là encore, l'histoire d'Ingrid s'est écrite dans la facilité. Mais cette interprétation qui consiste à faire d'elle une femme qui ne peut être que l'éternelle victime de l'amour ne la perturbe pas. Au contraire, ce scénario l'arrange, car elle connaît très bien Roberto. Il n'acceptera de se séparer d'elle sans difficultés que s'il semble être pour tous le maître de la situation.

Alors que sa relation avec Lars est encore tenue secrète, la procédure de divorce, toujours non admise en Italie, est de nouveau un casse-tête que les avocats des deux époux ne parviennent à résoudre qu'au bout de longs mois de labeur au cours desquels ils développent des trésors d'imagination. Ce

---

8. *Ibid.*, p. 428.

n'est que près d'un an plus tard qu'Ingrid se trouve libérée de tout engagement, au regard, du moins, des lois britanniques.

Ses soucis ne sont toutefois pas terminés. Roberto, en effet, n'est pas revenu sur son exigence. Apprenant qu'Ingrid a l'intention de se remarier, il entre dans une colère violente, destructrice, et entreprend de se battre pour obtenir la garde de ses enfants. Il ne supporte pas que ces derniers soient en contact avec un étranger. Il les aime avec une passion, une tendresse et une exclusivité qui feront dire à sa fille Isabella, bien des années plus tard : *Mon père était en quelque sorte maternel. S'il avait pu être un animal, il aurait choisi d'être un hippocampe. Car, chez les hippocampes, ce sont les mâles qui portent les enfants*[9].

Roberto se sent déshonoré. Tout à coup, le schéma qu'il s'était construit, la satisfaction qu'il avait ressentie en pensant être à l'origine de la séparation, son image fantasmée d'homme ayant le monopole de la conquête et laissant une épouse esseulée s'écroulent d'un seul bloc. La jalousie qu'il ressent à l'égard de Lars est d'autant plus grande qu'il se sent trahi, floué.

Alors qu'Ingrid s'apprête à tourner le film *L'Auberge du sixième bonheur* pour la Fox, dans lequel elle incarnera une ancienne domestique anglaise devenue missionnaire en Chine, il ne cesse de la tourmenter.

Il s'arrange pour accuser publiquement son ex-femme de négligence, ne renonce à aucun effort pour convaincre les juges de lui laisser les trois enfants, alors âgés de huit et six ans. Lorsqu'Ingrid épouse Lars, le 21 décembre 1958 à Londres, son bonheur est quelque peu contaminé par la peur qu'elle a de ne pas les voir grandir. La vie paisible qu'elle avait imaginée devra attendre, c'est à présent une certitude.

---

9. Isabella ROSSELLINI, *Bestiaire d'amour*, Marseille, Théâtre du Gymnase, 20 février 2014.

Elle est toujours très malheureuse d'avoir été séparée de sa fille aînée, ses retrouvailles avec elle, trop brèves, lui ont laissé un goût amer et un sentiment d'échec. Elle en ressent chaque jour une douleur qui, malgré les années, ne la quitte pas. Elle sait que les enfants peuvent être utilisés à des fins de vengeance. Cette fois-ci, elle n'est pas décidée à céder, d'autant qu'elle a enfin trouvé un homme qui lui ressemble, plein d'humour et de chaleur, et qui peut la réconforter.

Lorsqu'elle est avec Lars, Ingrid se sent choyée. Il sait la guider en douceur, lui donner un sentiment de protection sans l'étouffer. Il l'emmène sur l'île de Dannholmen, qu'il a achetée quelques années plus tôt, au large de la côte ouest de la Suède. C'est un endroit épuré, paisible ; Ingrid et lui choisiront d'y passer tous leurs étés.

Le couple s'installe à Londres et achète une maison en France, près de Choisel, dans la vallée de Chevreuse, afin de s'y reposer. Ce village vert et calme, situé à une heure à l'ouest de Paris, offre une atmosphère singulière. Une petite route goudronnée débouche sur des jardins bordés d'arbres immenses et touffus au fond desquels se cachent, au bout d'un petit chemin de terre, des maisons anciennes dont l'isolement et la tranquillité semblent pouvoir décourager les journalistes les plus acharnés.

Là-bas, Ingrid se sent heureuse. Au quotidien, Lars est un homme tendre, généreux, disponible. Lui aussi a vécu un mariage malheureux. Et, par-dessus tout, il a perdu son fils unique il y a plusieurs années.

De nouveau, Ingrid l'orpheline a trouvé pour mari un père qui a perdu un enfant. Et Lars s'occupe d'elle avec une attention paternelle de tous les instants, règle tous les problèmes matériels qu'elle peut rencontrer. Il lui sert de boussole, trouve des solutions à ses tracas quotidiens et lui permet de se consacrer entièrement à sa carrière.

Lorsque sort le film *L'Auberge du sixième bonheur*, Ingrid a renoué avec le caractère des personnages de ses premiers films, en incarnant à l'écran une femme dévouée, presque sainte, un genre de rôle qui l'avait autrefois exaspérée. Le film remporte un certain succès en salle. Les critiques accueillent la prestation d'Ingrid avec enthousiasme, admirant surtout la dernière scène durant laquelle la missionnaire emmène les enfants à travers la montagne. *Une longue séquence à laquelle le talent d'Ingrid Bergman confère une puissance expressive d'autant plus extraordinaire que l'humanité et l'altruisme, chez elle, ne virent jamais au pathétisme facile*[10].

Mais ce succès est encore et toujours terni par l'acharnement dont fait preuve Roberto pour obtenir la garde des enfants. Il fait rédiger des témoignages par sa mère et sa sœur qui, si elles aiment profondément Ingrid, se sentent finalement obligées de se plier à la volonté de leur fils et frère. Il a encore usé de tous les stratagèmes possibles pour arriver à ses fins. Ingrid souhaite d'abord s'acharner, engage un avocat, cherche à faire valoir ses droits. Mais, très vite, elle se rend compte que les enfants sont incroyablement stressés par la guerre qu'elle mène avec leur père. Aussi, elle se décide bientôt à abandonner, et à donner à Roberto ce qu'il souhaite. *La bataille pour la garde des enfants s'est poursuivie pendant deux ans. Et puis j'ai vu que mes enfants, à chaque fois que le téléphone sonnait, se raidissaient et demandaient : C'est l'avocat ? Alors j'ai laissé tomber. Ils sont partis en Italie, et depuis lors tout a été paisible*[11].

Robertino, Isabella et Isotta-Ingrid partent donc vivre à Rome. Ingrid renonce, pendant une certaine période, à les emmener passer des vacances avec Lars. C'est elle qui, la plupart

---

10. Isabella ROSSELLINI, Lothar SCHIRMER, *Ingrid Bergman*, p. 428.
11. Donald SPOTO, *Ingrid Bergman*, p. 326.

du temps, se déplace pour les voir. Le plaisir de les retrouver est toujours vécu sous le joug de cette contrainte. Elle aimerait plus que tout pouvoir partager son bonheur avec eux et celui qu'elle aime. Elle sait qu'une page se tourne, encore une fois, et qu'elle doit à présent être une mère lointaine, comme elle l'avait été auparavant avec Pia.

Cette dernière vient de se marier aux États-Unis, à l'âge de vingt et un ans. Elle semble avoir été pressée de se reconstruire une famille, tant bien que mal, et cette union est aussi hâtive qu'elle sera brève. Ingrid ressent plus que jamais un sentiment de culpabilité. Elle se jette à nouveau et à corps perdu dans son travail.

Elle tourne son premier téléfilm à New York pour la NBC, *Le Tour d'écrou*, une adaptation de la nouvelle de Henry James réalisée par John Frankenheimer. Dans cette histoire assez terrifiante, d'un registre pour elle inédit, elle incarne une gouvernante qui doit protéger des enfants des esprits maléfiques venus les tourmenter. Ce rôle est plutôt risqué mais le pari est indéniablement réussi, et son interprétation lui vaut un Emmy Award.

Elle retrouve ensuite Anatole Litvak, réalisateur d'*Anastasia*, à l'automne 1960, pour tourner l'adaptation du roman de Françoise Sagan, *Aimez-vous Brahms ?* avec Yves Montand et Anthony Perkins. Ce dernier vient de tourner *Psychose* d'Alfred Hitchcock, film dans lequel il a incarné avec brio le fameux tueur schizophrène Norman Bates.

L'histoire d'*Aimez-vous Brahms ?* est celle de Paula Tessier, une quadragénaire qui vit une liaison avec Roger, un homme infidèle. Paula cède peu à peu à la cour effrénée que lui fait un jeune homme qui tombe follement amoureux d'elle.

Dans ce film, de l'avis de tous, Ingrid est parfaitement élégante et belle. Trop belle, peut-être, pour incarner le personnage d'une femme dont l'âge impose de faire des compromis et de se contenter d'une situation amoureuse aussi triste, d'après ce qu'en disent les critiques.

À quarante-cinq ans, Ingrid Bergman est beaucoup trop attirante pour être totalement crédible dans le rôle de Paula[12].

Les maquilleurs, ayant trouvé son visage trop lisse, ont rajouté des ombres sur la peau de ses joues et de son cou, afin de la vieillir, tant ses traits semblent naturellement jeunes et frais.

Si Ingrid est brillante et son personnage convaincant du point de vue de son caractère mature et désabusé, le film rebaptisé *Goodbye Again* pour le public américain est un échec lors de sa sortie en salle. Le public ne comprend pas l'acharnement du personnage de Paula Tessier à demeurer aux côtés de ce Roger qui lui est infidèle et ne lui laisse qu'une place de seconde zone dans sa vie. La fin, dans laquelle Paula, qui est parvenue à se faire épouser par l'homme qu'elle aime, apparaît déçue et résignée en comprenant qu'elle est trompée une fois de plus, n'est ni heureuse ni franchement triste, et n'enthousiasme pas les foules. Chacun s'accorde à dire que le texte de Françoise Sagan passe mal à l'écran.

Des années plus tard, pourtant, le film a plutôt bien vieilli. Son atmosphère bourgeoise et coquette lui donne le charme douillet de ses décors raffinés, de l'élégance sans faille de ses dialogues. Et il fait ressortir, à travers le jeu de ses trois acteurs talentueux et singuliers, des personnages attachants jusque dans leurs incorrigibles défauts.

Si Ingrid est un peu déçue de cet échec, elle a pris énormément de plaisir à tourner ce film et souhaite plus que jamais continuer à exercer ce métier qui la passionne. Avec les années, son caractère a quelque peu changé, du moins il s'est affirmé. Son intransigeance quant à la manière dont elle souhaite interpréter

---

12. Isabella ROSSELLINI, Lothar SCHIRMER, *Ingrid Bergman*, p. 438.

un personnage, sa façon de discuter le passage d'un dialogue qui ne lui plaît pas, ses interventions dans les indications du metteur en scène deviennent de plus en plus présentes. Si elle ne deviendra jamais une star capricieuse, si elle demeure un bourreau de travail et si son propre confort continue de lui être indifférent, elle n'est plus la comédienne docile dont rêverait tout réalisateur. Il faut dire que sa passion pour son art l'obsède et la nourrit de plus en plus, au détriment, encore et toujours, de sa vie personnelle.

Au début des années soixante, elle enchaîne les tournages alors que Lars vient de monter *My Fair Lady* au théâtre. La pièce se joue un peu partout en Europe. Comme sa femme, Lars voyage très souvent.

La relation qu'Ingrid entretient avec ce troisième mari est encore une relation à distance. Ses enfants, qu'elle voit en moyenne une semaine par mois, sont le plus souvent gardés par une gouvernante à Rome. Elle tente de se consacrer entièrement à eux lorsqu'elle leur rend visite, mais elle continue de nourrir à leur égard un sentiment de culpabilité qui ne l'abandonnera jamais.

Elle tourne un nouveau téléfilm, l'adaptation de *Vingt-quatre heures dans la vie d'une femme* de Stefan Zweig pour CBS et la BBC. Le téléfilm est coproduit par Lars, qui produit également une adaptation de *Hedda Gabler*, la pièce de Henrik Ibsen avec Michael Redgrave, Trevor Howard et Ralph Richardson. L'adaptation de *Hedda Gabler* est un succès et les critiques sont enthousiastes. Le *Los Angeles Times* célèbre l'interprétation d'Ingrid en ces termes : *Froide, moqueuse, arrogante, lâche, vindicative, venimeuse, charmante et exaltée, son Hedda n'est pas un personnage qu'on est près d'oublier*[13].

---

13. Ingrid BERGMAN, Alan BURGESS, *Ma vie*, p. 468.

Ne jouant désormais plus de jeunes premières, Ingrid se voit proposer des rôles de plus en plus sombres, les femmes mûrissantes étant toujours plus ou moins associées à la méchanceté, du moins au mystère ou à la mélancolie. Elle doit chercher plus longtemps avant de trouver des rôles intéressants, mais finalement elle ne s'en plaint pas et se dit prête à interpréter ce genre de personnage. C'est par ces mots, d'ailleurs, qu'elle terminera son autobiographie. *Après tout, il y aura toujours quelque part un rôle pour une vieille sorcière. Quand le moment sera venu, je serai prête à être celle-là*[14].

Interpréter des personnages devenus soudain si torturés n'est pourtant pas toujours de tout repos. Ingrid en fait l'expérience en tournant, en 1963, l'adaptation de la pièce de théâtre *La Visite de la vieille dame*, avec Anthony Quinn, acteur à la personnalité forte avec lequel elle connaît quelques frictions, tant elle est investie dans son rôle. Elle en vient même à donner à son partenaire des indications de jeu, ce qui l'exaspère et le fait sortir de ses gonds. Ingrid, qui a un caractère de plus en plus fort, sait pourtant faire preuve d'humilité. Elle fait des excuses et le tournage se poursuit dans de bonnes conditions.

Le film, qui s'intitulera *La Rancune,* est plein d'amertume et particulièrement difficile à porter. Elle y incarne une femme revenue se venger d'un homme qui l'a autrefois forcée à se prostituer. Les dialogues sont taillés à la serpe et le personnage de la comtesse Zachanassian, singulièrement amer, assène d'un air à la fois calme et menaçant : *Le monde a fait de moi une putain. Maintenant, je ferai du monde un bordel*[15].

Si la pièce se terminait extrêmement mal, consacrant un pessimisme redoutable, le long-métrage, lui, a été édulcoré pour

14. *Ibid.*, p. 575.
15. *Ibid.*, p. 472.

offrir aux spectateurs une fin sans caractère qui fait perdre au scénario en intensité. Les critiques sont très sévères à l'égard du film, et n'hésitent pas à se montrer impitoyables en parlant du jeu d'Ingrid, la jugeant mal à l'aise dans son rôle. Quant à l'auteur de la pièce, Dürrenmatt, il refuse de se rendre à la première, tant il juge que son œuvre a été dénaturée.

Ingrid s'est peu à peu habituée aux mauvaises critiques et n'en apprécie que mieux les bonnes. À l'âge de quarante-huit ans, elle a trouvé une sorte de quiétude, de distance qui lui permettent d'affronter la vie de manière plus heureuse. Elle a le plaisir d'apprendre que sa fille Pia vient de décider de se rendre à Rome pour s'occuper de ses trois frère et sœurs, alors âgés de quatorze et douze ans. Le mariage de cette dernière a été un fiasco et n'a duré que quelques mois. N'étant pas parvenue à se créer une famille artificiellement, elle a décidé de renouer avec cette autre famille qu'elle connaît si peu.

Très vite, comme l'avait fait sa mère avant elle, elle a appris l'italien avec une facilité remarquable. Accueillie à bras ouverts par Roberto Rossellini et sa famille recomposée, elle devient pour les enfants un véritable ange gardien. Comme quelques années auparavant, elle fait preuve, à vingt-trois ans, d'une grande maturité. Cette période est pour Ingrid une source de satisfactions, elle a l'impression que cette famille étrange et déchirée qui est la sienne se réunit enfin et trouve un sens.

Mais, si elle reprend régulièrement son souffle auprès de ses enfants, elle continue encore et toujours de se produire et de jouer ; elle tourne *La Rolls-Royce jaune* avec Rex Harrison, Omar Sharif, Alain Delon et Shirley MacLaine, un film composé de trois séquences autour de la vie d'une voiture, offrant un panel de scènes qui se déroulent à différentes époques. La fameuse séquence de dispute entre un patriote yougoslave, interprété par Omar Sharif et Gerda, interprétée par Ingrid, une bourgeoise américaine aussi revêche que le roquet grotesque qu'elle tient dans les bras, est une scène d'anthologie. Les critiques demeurent réservées lors de la sortie du film. Il en faut pourtant bien davantage pour décourager Ingrid. Elle est de nouveau attirée par l'immédiateté de la scène et le contact avec le public.

Des mois plus tard, elle renoue avec le théâtre, sur la proposition de Lars, qui lui met le pied à l'étrier pour lui faire interpréter le rôle principal de Natalya Petrovna dans la pièce *Un mois à la campagne*, pour l'ouverture du théâtre de Guilford en Angleterre. La pièce est une belle réussite et tous les enfants d'Ingrid, ainsi que Lars, se sont rendus à Guilford pour l'occasion. À cinquante ans, devant cet immense succès, elle se sent enfin comblée. *Et les six mois que j'ai passés à Guilford ont été parmi les plus heureux de ma vie*[16].

Ce bonheur de vivre son métier aussi pleinement et sans interruption aurait pu sans doute se prolonger, si toutefois Ingrid n'avait pas eu à se confronter à l'une des épreuves les plus angoissantes qu'elle ait traversées.

Car, quelque temps plus tard, en Italie, les nouvelles ne sont pas bonnes : l'état de santé de sa fille Isabella devient tout d'un coup très préoccupant.

---

16. *Ibid.*, p. 481.

IX

*J'*étais à Rome auprès des enfants quand débuta une période d'inquiétude et de soucis comme je n'en avais peut-être jamais connue[1]. Au début de l'année 1966, le médecin scolaire de la jeune Isabella, alors âgée de treize ans, a décelé chez elle une scoliose aiguë[2]. Son dos forme un S. Elle avait semblé jusque-là être en pleine santé mais à présent elle a de plus en plus de peine à marcher sans se tenir voûtée.

Ingrid tente tout d'abord de songer que cela passera, que la petite n'a pas l'air d'être trop mal. Mais, peu à peu, l'appréhension la ronge.

Elle commence tout d'abord par demander des conseils aux médecins les plus réputés avec lesquels elle peut être mise en contact. Les avis sont divers et variés.

On préconise pour la fillette une semelle spéciale, puis un corset de cuir, mais rien, pourtant, ne semble redresser

---

1. Ingrid BERGMAN, Alan BURGESS, *Ma vie*, p. 485.
2. Isabella ROSSELLINI, Lothar SCHIRMER, *Ingrid Bergman*, p. 466.

convenablement le dos d'Isabella. Lorsque le médecin italien la revoit, il trouve que son état s'est considérablement aggravé depuis la dernière fois.

Il faut agir, envisager un traitement de choc, mais Ingrid ne sait trop à qui s'adresser. Finalement, Isabella dit à ses parents qu'elle a entendu parler de l'hôpital Scaglietti de Florence où l'une de ses amies atteinte de la même maladie a pu être soignée. Ingrid, Roberto et Isabella s'y rendent sans attendre. Là, les médecins font des radios du dos de la jeune patiente, et montrent à ses parents, fous d'inquiétude, une proéminence dorsale qui, si elle continuait de se développer, pourrait rendre leur fille bossue. Pour l'équipe médicale, la solution la plus appropriée serait une opération, en l'occurrence très compliquée, accompagnée d'exercices réguliers et très douloureux. Reste sinon la possibilité de refaire confectionner un corset, mais celui-ci devrait être maintenu durant des années, et Isabella garde de très mauvais souvenirs de celui qu'elle a dû supporter avant de se rendre à l'hôpital.

Ingrid veut absolument éviter l'opération, s'inquiétant de l'anesthésie générale et des possibles complications. Mais, finalement, c'est Isabella qui, à la surprise générale, choisit d'être opérée. Elle est catégorique. Cette décision sera lourde de conséquences et promet à l'enfant des jours très pénibles.

Lorsqu'Isabella entre à l'hôpital, Ingrid apprend qu'il lui faudra attendre environ six mois avant que l'on puisse effectivement l'opérer. La première étape consiste à redresser la colonne vertébrale au maximum, ce qui se fera petit à petit.

La technique est impressionnante. On glisse l'enfant dans ce qui ressemble à un instrument de torture. Ingrid est ensuite priée de sortir, car il faut redresser à vif les os de sa fille, en lui tordant littéralement le dos. L'équipe médicale sait à quel point la scène qui va suivre est insupportable.

*Et l'on a mis mon enfant dans une espèce de chevalet moye-
nâgeux. [...] Je suis sortie. À travers la porte, j'entendais mon
enfant crier. Le docteur m'avait expliqué qu'on ne pouvait pas
lui donner d'anesthésique parce qu'il fallait savoir aussi à quel
moment il faudrait arrêter. On était donc en train de torturer ma
fille, et il semblait que ça ne finirait jamais*[3].

Ingrid vit elle aussi des heures de supplice. La peine qui
lui serre le ventre n'a pas de nom. L'idée d'avoir donné à son
enfant une vie à présent si douloureuse lui est odieuse et, chaque
jour, elle est tourmentée par un sentiment d'impuissance et de
culpabilité. *J'essayais d'être courageuse, mais j'avais bien du mal.
Mon enfant souffrait et je souffrais. Je m'efforçais de retenir mes
larmes, mais elles coulaient quand même*[4].

Les mois qui suivent, Isabella connaît des moments durant
lesquels elle se porte beaucoup mieux, elle parvient à rire, à
jouer aux cartes avec les autres patientes de l'hôpital, et même à
accompagner l'une de ses amies à une fête. Mais bientôt, il faut
recommencer les séances atroces de redressement de son épine
dorsale. Par ailleurs, l'heure de l'opération approche.

Il semble que tout change à cet instant. Ingrid, qui n'a cessé
d'être aux côtés de sa fille durant cette période, décide pour la
première fois de sa vie de mettre sa carrière entre parenthèses.

Toute son attention est tendue vers cette obsession de soutenir
sa fille et de soulager sa douleur. Elle se consacre à Isabella, et
demeurera en Italie pendant près d'un an et demi.

Pour Lars, cette période est très solitaire. Il se rend pourtant
sur place pour soutenir Ingrid et Isabella, en prenant garde
cependant de ne pas croiser Roberto qui, après bien des années,
est toujours très remonté contre lui.

---

3. Ingrid BERGMAN, Alan BURGESS, *Ma vie*, p. 486.
4. *Ibid.*, p. 487.

Ingrid passe du temps avec la jeune malade, mais aussi avec Roberto avec lequel elle s'efforce à présent de rester soudée. Tous deux se retrouvent à l'hôpital lorsque l'heure de l'opération a enfin sonné.

Celle-ci dure six heures interminables durant lesquelles Ingrid manque de défaillir. Rongée par l'angoisse, elle allume cigarette sur cigarette, jusqu'à en fumer près de trois paquets. Roberto est lui-même fou d'inquiétude. *Nous n'osions pas nous toucher : l'un de nous aurait pu s'effondrer*[5]. Il faut dire que les manœuvres que doivent réaliser les chirurgiens sont particulièrement périlleuses. *L'opération est compliquée. On extrait d'abord de la jambe d'Isabella un bout d'os qu'on réduit en morceaux de la taille d'une allumette. Puis le chirurgien ouvre la colonne vertébrale enfin redressée, entreprend de soulever les disques un par un, et introduit les fragments de tibia aux endroits appropriés*[6].

La façon dont Ingrid raconte, avec force détails, cette période de sa vie et de celle de sa fille, est sans nul doute la manifestation du traumatisme que cet épisode a représenté pour elle. L'artiste qu'elle est par excellence, si détachée des contraintes matérielles qu'elle semble devoir toujours consulter quelqu'un pour enfoncer un clou, acheter un manteau ou faire une déclaration d'impôts, se trouve confrontée à la souffrance la plus empirique du corps de cette fille qu'elle aime passionnément, elle se trouve plongée au cœur de domaines anatomiques compliqués qu'elle ignorait jusque-là. Jamais elle ne s'est sentie aussi entièrement déstabilisée.

Après l'opération d'Isabella, à bout de nerfs, elle a perdu connaissance. Puis elle a retrouvé sa fille, le lendemain. Celle-ci

5. *Ibid.*, p. 492.
6. Donald Spoto, *Ingrid Bergman*, p. 341.

se remet peu à peu de cette lourde intervention. Ingrid l'accompagnera également durant sa convalescence. Entre le printemps 1966 et l'été 1967, elle n'aura laissé sa fille seule que durant deux semaines. Elle les passera à Londres, en raison de l'engagement qu'elle a pris plusieurs mois auparavant : celui de tourner *La Voix humaine* de Jean Cocteau pour la télévision.

Le tournage de *La Voix humaine*, monologue d'une femme censée être en conversation téléphonique avec son amant qui est sur le point de la quitter pour une autre, est très éprouvant. Durant les premiers instants, Ingrid ne cesse d'oublier son texte, tant elle est tourmentée.

Mais, finalement, elle se jette dans son travail et parvient à donner à son personnage de femme fébrile, pendue au téléphone, accrochée à ce combiné dans l'espoir fou d'une bonne nouvelle, un réalisme incroyable.

À l'écran, elle apparaît affinée, plus pâle. Sa beauté a gagné en profondeur, sa voix, surtout, est plus grave. Cette transformation n'est pas seulement due au fait qu'elle a maintenant cinquante et un ans. Elle est sans doute également liée au changement d'addiction d'Ingrid qui se manifeste depuis plusieurs années déjà. Autrefois portée à manger plus que de raison pour tromper son angoisse, elle a désormais de plus en plus tendance à fumer des paquets entiers de cigarettes pour trouver un exutoire à ses présentes inquiétudes. Le tournage s'achève à temps, Ingrid repart aussitôt pour Rome.

Les critiques s'inclinent unanimement devant sa prestation. La première scène de réveil du personnage, dans un sursaut effrayé, les mains nouées par la détresse, la douce folie qui accompagne cet espoir absurde qui contredit toutes les évidences d'un dénouement forcément malheureux, tout est rendu, dans le jeu impeccable d'Ingrid, avec une justesse et une intensité qui conquièrent à la fois la presse américaine et la presse britannique.

Elle donne une rare puissance dramatique à ce harassant monologue
téléphonique où se reflètent les abîmes du désespoir[7].

De retour en Italie, Ingrid reste aux côtés de sa fille jusqu'à
sa guérison. Tout s'est passé très lentement, mais l'espoir est
revenu petit à petit, au fil des jours. Après l'opération, Isabella
a été plâtrée sur toute l'étendue de son dos. Puis, un jour, après
de longs mois d'attente, le plâtre lui est enfin retiré. Ingrid est
présente lorsqu'on annonce un matin à la jeune convalescente
qu'elle peut enfin remarcher. *Là encore j'ai eu bien du mal à*
retenir mes larmes. Son visage exprimait tout à la fois la crainte,
l'incrédulité et l'espoir. Je n'ai jamais rien vu d'aussi beau. Elle
regardait le médecin dans les yeux, comme hypnotisée. Et, lente-
ment, elle s'est mise debout[8].

Lorsqu'Ingrid quitte de nouveau sa fille, quelques semaines
plus tard, elle a hâte de remonter sur scène. Elle s'engage à jouer
l'adaptation de la pièce inachevée d'Eugene O'Neill, *More*
Stately Mansions. C'est le metteur en scène José Quintero qui
s'est chargé de couper le texte et de l'arranger pour le théâtre.
Alors qu'Ingrid s'apprête à partir en tournée durant six mois
aux États-Unis, entre New York et Los Angeles, elle choisit de
faire venir une autre de ses filles avec elle : la jeune Isotta-Ingrid.
Celle-ci semble en effet avoir mal vécu le fait que sa sœur ait été
au centre de toutes les attentions ces deux dernières années.
Nous l'avions honteusement délaissée pour sa sœur jumelle. Parce
qu'elle était en bonne santé, tout le monde estimait qu'il n'y avait
pas à s'inquiéter pour elle[9].

Sans aucun doute, la maladie d'Isabella a changé chez Ingrid la
conception qu'elle se faisait jusqu'à présent de sa vie de famille.

---

7. *Ibid.*, p. 343.
8. Ingrid BERGMAN, Alan BURGESS, *Ma vie*, p. 496.
9. *Ibid.*, p. 501.

Elle se souvient désormais que tout ce qui paraît acquis, au cœur des aléas de l'existence, peut s'écrouler en un instant. Par ailleurs, Roberto, lui aussi, semble avoir été changé par cet épisode. Alors qu'il s'était opposé fermement à ce qu'Ingrid emmène ses enfants aux États-Unis, il ne voit soudain aucun inconvénient à ce que sa fille Isotta-Ingrid parte à New York.

Dans *More Stately Mansions*, Ingrid interprète le personnage de Deborah Harford, une mère qui retrouve son fils après des années de séparation. Elle prend son rôle très à cœur et n'hésite pas à intervenir dans la mise en scène, quitte à contredire José Quintero. Elle lui reproche de lui demander d'entrer en scène en courant, ce qu'elle juge artificiel, puis elle refuse de s'approcher immédiatement du public pour entamer son texte.

En cette fin d'été 1967, à l'âge de cinquante-deux ans, elle s'est plus que jamais libérée du poids qui consistait à rechercher à tout prix l'approbation. Les critiques, tantôt élogieuses, tantôt féroces, l'ont en quelque sorte vaccinée contre la peur patholo-gique de déplaire. À cette période de sa vie, Ingrid se demande si, au fond, la haine aveugle qu'elle a pu susciter à l'aube des années cinquante n'était pas, en dépit de tout, un moyen qui a permis à chacun, à présent, d'y voir plus clair. Sa propre lucidité ne s'embarrasse plus de rien. Fidèle à son instinct, à son sens de l'observation, elle n'a de désir que celui d'exprimer ce qui, selon elle est, non pas la meilleure, mais parfois la seule façon d'interpréter cette pièce.

Par ailleurs, son expérience de mère, qui a été comme poussée à son extrémité avec l'épreuve qu'a été la maladie douloureuse d'Isabella, lui donne suffisamment d'assurance pour contester une scène entre une mère et son enfant qu'elle ne juge pas suffisamment juste.

Les rapports entre Ingrid et José sont parfois éprouvants, ils passent sans arrêt des disputes aux réconciliations, des éclats de voix aux excuses. *J'ai rendu fou ce pauvre José. Je l'avoue. Il a éclaté et il m'a engueulée d'une façon... Il a déclaré qu'il ne pouvait plus travailler avec moi. Ça s'est passé le matin, mais l'après-midi il est venu me demander pardon, et quand je l'ai remercié de m'avoir engueulée, il s'est effondré ; il m'a dit qu'il devait rentrer, qu'il n'en pouvait plus*[10].

La première de *More Stately Mansions* a lieu à Los Angeles le 12 septembre 1967. Ingrid, d'abord terrassée par la peur, finit par retrouver ses mots. Elle doit s'approcher au plus près des premiers rangs pour entamer son monologue, ce qui, devant un parterre d'invités triés sur le volet, n'est pas des plus rassurants. Alors qu'elle entame son texte, elle croise le regard de Samuel Goldwyn, et manque de défaillir de peur. *J'avais la tête vide ; j'étais pétrifiée par le trac. Et cette première-là était particulièrement difficile*[11].

Les critiques de la pièce sont enthousiastes, saluant la prestation d'une actrice qui dépasse ses limites et hypnotise le public. Ingrid est ravie de son rôle et se lie finalement d'amitié avec José Quintero. Lars, Pia et beaucoup de ses amis, dont sa chère Kay Brown, sont venus la voir.

À la fin de la représentation, Alfred Hitchcock, qui a fait aussi le déplacement, la félicite. Il est ravi de la retrouver. Il en profite pour se confier à celle qu'il a aimée passionnément il y a vingt ans maintenant.

À soixante-huit ans, il est alors plongé dans des abîmes de chagrin, étant encore une fois tombé follement amoureux de l'une de ses actrices, Tippi Hedren, l'héroïne de ses films *Les Oiseaux* et *Pas de printemps pour Marnie*. Comme Ingrid, il ne peut jamais vraiment séparer son art et sa vie personnelle, ses films sont toute sa vie.

10. *Ibid.*, p. 504.
11. *Ibid.*, p. 505.

Il souffre et se consume, ses blessures et ses maladresses sont toujours les mêmes, il en cerne parfaitement le caractère cyclique. Mais, cette fois-ci, il n'a pu contenir sa colère et sa déception face au refus de la jeune actrice d'entamer avec lui une histoire d'amour. Ses éclats de voix et sa rancœur ont été l'aveu de son éternel échec amoureux, lit d'une souffrance interminable qui ne cesse de le porter vers la réalisation de films sombres, inquiétants mais géniaux. Ingrid revoit avec plaisir son ami pendant toute sa tournée à Los Angeles.

Quelque temps plus tard, le 31 octobre 1967, a lieu la première new-yorkaise de *More Stately Mansions*. Les critiques, cette fois-ci, sont loin d'être ferventes, ne reconnaissant à Ingrid qu'un seul vrai atout : celui d'être belle. Mais elle n'en a cure, le public est toujours au rendez-vous, et la pièce se joue à guichets fermés jusqu'au mois de mars 1968.

Alors que la tournée est à peine terminée, Kay Brown se met en tête de trouver un autre rôle pour sa protégée, épluchant tous les textes qui l'interpellent. L'une des propositions qu'elle reçoit retient toute son attention.

Il s'agit du scénario écrit par Stirling Silliphant, inspiré d'un roman de Rachel Maddux. L'histoire est celle d'une femme d'un professeur qui vient s'installer avec son mari dans la campagne du Tenessee. Elle entame une relation amoureuse avec un homme du cru, peu éduqué, qui, parce qu'il semble appartenir à un autre monde, va changer sa vie. Le scénario promet à Ingrid un rôle complexe, celui d'un personnage déraciné qui prend des risques et se perd pour mieux trouver ce qu'il recherche. Alors qu'elle commence à penser à Anthony Quinn pour interpréter le principal personnage masculin, elle a déjà très envie de faire le film. Cependant, tout ceci risque de nécessiter quelques sacrifices.

Depuis son mariage avec Lars, déjà près de dix ans se sont écoulés. Ingrid, qui vient de terminer sa tournée au théâtre et qui s'apprête à recommencer un tournage aux États-Unis, hésite avant d'accepter cette dernière proposition. Car celle-ci s'ajoute à celle de jouer une piquante secrétaire médicale dans l'adaptation d'une pièce de théâtre, *Fleur de cactus*, avec Walter Matthau et Goldie Hawn.

Avec les événements de ces dernières années, avec les projets nouveaux à réaliser sans cesse, elle n'a pas honoré la promesse qu'elle avait faite à Lars de passer tous ses étés à ses côtés dans l'île de Dannholmen. Elle s'inquiète pour l'avenir de son couple, demande une fois de plus à ce mari si conciliant s'il ne voit pas d'inconvénient à ce qu'elle s'absente encore pour son métier. Mais Lars, s'il ne peut être que contrarié par les absences répétées de sa femme, est incapable de lui opposer un refus net, tant son respect pour elle et son art est grand, tant son admiration pour certains des scénaristes, réalisateurs ou producteurs qui travaillent avec elle est sincère.

Cette attitude très respectable, qui s'oppose si nettement à celle qu'avait pu avoir Roberto, est indéniablement celle qui aidera Ingrid à se surpasser et à offrir à son public, à présent et pour la postérité, le plus de manifestations de son talent. Toutefois et d'un point de vue purement personnel, ce comportement toujours si arrangeant donne lieu chez Lars à une sorte de déception qui s'installe imperceptiblement. Quand bien même comprend-il les choix d'Ingrid, il ne peut s'empêcher de les interpréter comme une sorte d'abandon, du moins le signe qu'il ne sera jamais pour sa femme une priorité.

Ingrid, qui pourtant n'ignore pas les difficultés des relations à distance, en redoute les risques mais ne les perçoit peut-être pas à leur juste valeur. Le plaisir de jouer est monstrueux, irrésistible. Ravie d'obtenir la bénédiction de son mari, elle parvient à noyer sa culpabilité dans l'enthousiasme indéfectible qui la saisit dès qu'elle s'attaque à un nouveau scénario.

Le tournage de *Fleur de cactus* débute dans le courant de l'année 1959. Il s'agit d'une délicieuse comédie dans laquelle Ingrid brille en employée consciencieuse dont l'effacement fait place à une soudaine réaffirmation de soi et à un jeu de séduction qui charmeront sans peine les critiques et le public. *Libérée de toute inhibition, Miss Bergman s'avère la swingueuse la plus swing du plateau*[12].

Le tournage se termine sans embûches, cependant Ingrid s'y est montrée assez directive, allant jusqu'à *diriger son réalisateur*[13].

Tout s'enchaîne vite, et *Fleur de cactus* fait bientôt place à *Pluie de printemps*. Une fois encore, Ingrid prend une part certaine à la réalisation du film. Elle s'est improvisée directeur de casting en imposant catégoriquement Anthony Quinn dans le rôle de l'amant, ce qui s'avère être un très bon choix. Elle a souhaité aussi travailler avec le cameraman de *Fleur de cactus*, Charles Lang. Elle va même, cette fois-ci, jusqu'à retravailler elle-même le scénario adapté du roman de Rachel Maddux, dans lequel elle *intervient largement*[14].

Doit-on voir dans ses décisions un souhait non avoué de passer elle-même à la réalisation ? Elle semble le démentir en affirmant à l'une de ses amies, Ruth Roberts, ne pas être *comme tous ces jeunes acteurs qui rêvent de devenir réalisateurs*[15]. Cependant, on ne peut contester son sens de la mise en scène et la compréhension fine de l'univers dans lequel elle se trouve. La longue expérience qu'elle a eue de travailler avec les réalisateurs les plus talentueux de leur génération n'a pu que développer chez elle ces qualités.

12. Isabella ROSSELLINI, Lothar SCHIRMER, *Ingrid Bergman*, p. 472.
13. Donald SPOTO, *Ingrid Bergman*, p. 353.
14. Isabella ROSSELLINI, Lothar SCHIRMER, *Ingrid Bergman*, p. 474.
15. Donald SPOTO, *Ingrid Bergman*, p. 354.

Peut-être doit-on voir, alors, dans cette indéniable tendance à se mêler de la mise en scène sans pour autant en assumer pleinement la fonction, une question de culture et d'époque. Ingrid, malgré la liberté qu'elle a pu assumer dans sa vie personnelle, l'étonnante modernité de ses choix, a-t-elle si pleinement intériorisé les conventions de son temps qu'elle ne peut envisager de se voir, en tant qu'actrice et en tant que femme, devenir réalisatrice ? Il est vrai qu'elle paraît voir d'un mauvais œil cette mode qui consiste à passer derrière la caméra. Ou est-ce plutôt que sa passion est tout simplement de jouer, et qu'elle ne se soucie de la réalisation que dans la mesure où celle-ci conditionne son jeu ? Ne redoute-t-elle pas surtout, alors qu'elle peut parfois ressentir une certaine frustration à n'être qu'une actrice, d'être encore plus frustrée en dirigeant des acteurs qui joueraient à sa place ? La réponse à ces questions n'est jamais clairement formulée. Mais il ressort sans aucun doute qu'elle s'impose de plus en plus sur les plateaux et qu'elle devient, pour tout réalisateur, un personnage au caractère extrêmement fort avec lequel il faut nécessairement composer.

Pluie de printemps obtient en salle un succès mitigé. Les critiques ne sont pas mauvaises mais ne s'extasient pas. Quant à l'auteure du livre qui a été adapté, elle se montre très déçue de ce qui a été fait de son texte, ce qui désole sincèrement Ingrid. L'équipe du film se sépare, les adieux sont un peu tristes. Ingrid est angoissée, elle fume beaucoup, elle ressent de temps à autre une sorte de malaise, un mauvais pressentiment qu'elle ne s'explique pas sur le moment.

Au début de l'année 1970, elle part retrouver Lars à Paris. Elle le trouve changé. Il a passé des mois et des mois tout seul. Quelque chose ne va pas. Il hésite, puis finit par lui annoncer, avec toute la délicatesse qu'il peut trouver en lui, qu'il s'est peu à peu épris d'une jeune femme, Kristina. Il ne pensait pas s'y attacher sérieusement, mais il est à présent très amoureux d'elle. En outre, alors qu'il a perdu son enfant depuis près de vingt ans, il souhaite plus que jamais en avoir un.

Ingrid était au courant de ce désir, toutefois elle n'avait jamais voulu ni tenter de tomber enceinte, ni envisager l'adoption. Mais Lars est apparemment très accroché à ce rêve qu'elle n'a pu combler par sa seule présence, une présence en l'occurrence beaucoup trop épisodique. Il semble à présent qu'il n'y ait plus rien à faire.

Ingrid et Lars évoquent la possibilité de divorcer, mais ils en sont incapables, l'un comme l'autre.

Le couple est désormais comme en suspens. Ingrid passe plusieurs mois à Choisel, Lars ne rentre pas tous les soirs, tous deux doivent prendre une décision qui ne vient pas. La souffrance d'Ingrid, qui, à cinquante-cinq ans, se sent pour la première fois rattrapée par son âge, doublée par une femme plus jeune, est pour elle d'une nature inédite. D'abord assommée, elle ressent ensuite, avec une tristesse calme, résignée, l'injustice inévitable de la situation. Si vite, le temps est passé, il n'est plus celui où elle pouvait décider de partir ou de rester, où elle connaissait l'embarras du choix entre deux hommes éperdument amoureux d'elle, ce qu'elle avait considéré hier comme une torture et qui à présent lui semble avoir été un si grand privilège. Rien ne pourra plus arrêter le cours des choses, c'est une certitude. Mais elle est loin d'être vieille et elle a du talent. Alors autant vivre encore de ce qui lui plaît, ne pas se lamenter.

Et c'est au bout de ces réflexions qu'elle saisit une proposition qui vient à point nommé. Recevant un coup de téléphone de Hugh Beaumont, un producteur de théâtre de Londres, elle accepte immédiatement son idée de la faire jouer dans la pièce de Shaw écrite il y a plus de soixante-dix ans pour la comédienne Ellen Terry, *La Conversion du capitaine Brassbound*.

Elle ne trouve au texte rien d'exceptionnel mais reconnaît que l'unique personnage féminin de la pièce est absolument fascinant. À la fin de l'année 1970, elle a fait ses bagages. Tant pis pour son mariage, il survivra s'il doit survivre, mais elle n'y croit plus vraiment. Elle part pour Londres, abandonne Lars à la solitude de ses choix, et commence d'apprendre son texte.

Alors que les répétitions débutent au mois de janvier 1971, Ingrid prend part, encore une fois, à la mise en scène, refuse très fermement certaines indications qu'elle juge infondées, et formule ouvertement ses critiques. Alors qu'on lui fait remarquer qu'elle ne doit pas bouger pendant que son partenaire parle parce que le public doit alors le regarder, elle répond, probablement d'après ses expériences hitchcockiennes : *C'est ma réaction qui est importante. Beaucoup plus importante que ce qu'il dit. Dans la vie, après tout, il est souvent plus intéressant de regarder la personne qui ne parle pas*[16]. Les répétitions se passent finalement pour le mieux, Ingrid apprend à faire quelques concessions et s'entend très bien avec l'équipe.

Les représentations londoniennes sont un succès et, si les critiques sont quelque peu sévères avec le texte de la pièce lui-même, ne comprenant pas bien que l'on ressorte une antiquité qui a peut-être mal vieilli, il n'en reste pas moins que le jeu d'Ingrid, empreint de distance et d'humour, fait l'unanimité.

Elle passe l'été 1971 dans l'île de Dannholmen avec ses enfants. La question du divorce avec Lars est restée en suspens, mais il est évident que la situation qui s'est révélée il y a quelques mois ne peut durer indéfiniment. Ingrid profite de ses vacances tant bien que mal. Elle se repose avant d'entamer la tournée américaine de *La Conversion du capitaine Brassbound* qui doit bientôt avoir lieu.

16. *Ibid.*, p. 358.

À la fin de l'année 1971, elle se rend sur le nouveau continent quelques semaines plus tôt que prévu, car Pia lui a annoncé qu'elle était sur le point de se remarier avec un certain Joseph Daly qui exerce la profession d'agent de change, une occupation bien loin des métiers du feu de la rampe. Les quelques années passées en Italie près de sa famille, le chemin qu'elle a parcouru personnellement après son divorce, mais aussi professionnellement, après avoir fait des débuts très prometteurs en tant que journaliste pour la télévision, ont permis à Pia de se sentir enfin apaisée. Ses relations avec sa mère sont à présent très bonnes et toute sa famille, cette fois-ci, est conviée au mariage. Ce dernier semble réfléchi, officiel, il durera de nombreuses années. À cette occasion, Ingrid revoit Petter qui, à son égard, se montre glacial et poli.

Alors qu'Ingrid a maintenant, au début de l'année 1972, entamé sa tournée aux États-Unis, elle se sent pratiquement réconciliée avec ce pays qui l'avait conspuée il y a plus de vingt ans. Le public américain l'aime plus que jamais, elle ne peut pas en douter, et les applaudissements qui accompagnent chacune de ses entrées en scène la confortent dans ce sentiment. Cependant, un événement la touche particulièrement durant cette tournée. Le sénateur de l'Illinois, Charles Percy, en vient à lui faire des excuses officielles au nom du peuple américain, déplorant les mots qui ont été ceux de son prédécesseur, il y a vingt-deux ans. Après avoir dressé une longue liste des qualités d'Ingrid dans un long discours, il conclut en ces termes : *Je sais que des millions d'Américains se joignent à moi pour déplorer les persécutions personnelles et professionnelles qui ont poussé Ingrid Bergman à quitter ce pays alors qu'elle se trouvait au sommet de sa carrière. [...] Mlle Bergman n'est pas seulement la bienvenue en Amérique. Nous sommes profondément honorés à chacune de ses visites*[17].

17. *Ibid.*, p. 360.

Ingrid est infiniment émue par ce discours. Elle écrit au sénateur une lettre pour le remercier. *Cher sénateur Percy, ma guerre
avec les États-Unis est terminée depuis longtemps. Cependant,
certaines blessures demeuraient. Mais aujourd'hui, grâce à l'esprit
chevaleresque que traduit le discours généreux et plein de compréhension que vous avez adressé au Sénat, elles se trouvent guéries
à jamais*[18].

Elle termine sa tournée puis retourne passer ses vacances sur
l'île de Lars. Elle y fête avec lui son cinquante-septième anniversaire. Leurs relations sont assez improbables, elles deviennent
parfois incompréhensibles pour leurs amis, étant beaucoup plus
distantes ; mais il semble qu'ils s'aiment toujours. Ils n'ont
pas pu se résoudre au divorce fatidique malgré le projet de Lars
d'avoir un autre enfant.

Pour lui, la menace de la séparation ressemblait surtout à un
ultimatum lancé à Ingrid, si l'on considère les choses avec un
peu de recul, voire à un appel au secours. Mais Ingrid ne semble
pas près de changer de mode de vie. Déjà, elle est en pourparlers avec Hugh Beaumont, qui avait produit *La Conversion du
capitaine Brassbound*, étudiant sa nouvelle proposition, un bloc
de feuilles noircies dans une main, une cigarette dans l'autre, et
pense repartir à Londres pour jouer cette fois-ci dans une reprise
de la pièce *L'Épouse fidèle* de Somerset Maugham.

L'histoire de *L'Épouse fidèle* est celle d'une femme qui,
trompée par son mari, lui raconte qu'elle aussi a un amant et
qu'elle s'apprête à passer quelques jours de vacances romantiques
à ses côtés. Ne souffrant pas la réciprocité de la situation, le mari
supplie sa femme de revenir auprès de lui.

La pièce date de la fin des années vingt, et pourtant elle est,
en ce début des années soixante-dix, d'une modernité tout à

---

18. *Idem.*

fait dans l'air du temps, alors que fleurissent les mouvements de libération des femmes. Par ailleurs, elle réussit le tour de force de traiter d'un sujet grave, semblant parfois insoluble, tel que l'inégalité des sexes, avec un humour tout à fait plaisant qui sert parfaitement le message progressiste qu'elle veut faire passer. En inversant les rôles sociaux habituellement tenus par l'homme et la femme, l'auteur de la pièce les rend tous deux parfaitement ridicules dans ce qu'ils ont de statique et d'artificiel. À la fin de l'histoire, tous les clichés sont finalement bousculés, et tout semble porter à les contredire.

Ingrid ne formule pas, du moins par écrit, une quelconque volonté d'incarner une femme libérée à des fins militantes, ne semblant se soucier que de la qualité du texte et de la crédibilité de l'intrigue. Il n'en reste pas moins qu'elle représente pour le public, par l'histoire de sa vie, la liberté d'une femme qui s'est comportée comme aurait pu le faire un homme. Elle est celle qui n'hésite pas à poursuivre sa vie comme elle l'entend tout en continuant d'être acceptée socialement. Par ailleurs, Ingrid aime cette pièce car elle lui permet, par son caractère fictif, de prendre le dessus dans une histoire d'adultère qu'elle ne peut surmonter dans sa vie personnelle.

Les rapports avec Lars ne s'arrangent pas. Elle étouffe. Elle a plus que jamais besoin de travailler, tant les faux espoirs de réconciliation avec son mari l'ont épuisée nerveusement. *Petit à petit, la vie redevenait normale. Un temps, nous avons même cru que nous pourrions retrouver la même relation qu'autrefois. Nous avons essayé, mais ça n'a pas marché. Notre mariage était fini. Et, comme d'habitude, je me suis réfugiée dans le travail*[19].

Elle repart à Londres. Les répétitions débutent. Mais elle doit bientôt s'interrompre pour présider le jury du festival de Cannes.

---

19. Ingrid BERGMAN, Alan BURGESS, *Ma vie*, p. 526.

Elle s'apprête à y croiser son compatriote, le réalisateur Ingmar Bergman, une rencontre qui sera pour elle déterminante et l'emmènera peut-être au-delà de ses limites alors qu'elle se sent arrivée, si jeune encore, en ce printemps 1973, à l'automne de sa vie.

X

Au micro de Jacqueline Alexandre, à Cannes, Ingrid Bergman apparaît à la télévision française, radieuse, le visage lisse, la voix grave et le regard mutin, s'exprimant dans un très bon français. Elle fait une présidente du jury particulièrement appréciée, captant l'attention du public et se prêtant aux questions des journalistes avec le sourire.

Durant cet entretien télévisé, elle ne cède pourtant pas à l'obséquiosité, comme toujours, et ses réponses données à la présentatrice qui l'interviewe, si elles ne révèlent pas la moindre pointe de méchanceté, sont d'une étonnante franchise. *Deux fois, déjà, je suis venue ici, il y a douze ans et il y a vingt ans... Je me rappelle bien que c'était un enfer et que je me disais : jamais plus je ne veux aller au Festival. Elle sourit, très amusée. À l'époque, j'y étais seulement pour deux jours, et me voilà ici pour deux semaines. Je dois voir deux films par jour... C'est très intéressant et très fatigant... Mais la chose la plus fatigante de toutes, c'est de donner des interviews*[1]. Elle sourit de plus belle en percevant le

---

1. Institut national de l'audiovisuel, Interview de Jacqueline Alexandre, 22 mai 2013.

trouble de son interlocutrice, mais se soumet de bonne grâce à la suite de l'entretien.

Il se dégage de sa personne, à cet instant, cet esprit de droiture et de liberté qui la caractérise. Elle ne s'embarrasse jamais des banalités de la courtoisie, des phrases toutes faites, des déclarations empruntées qui consistent à dire, lorsqu'on est une vedette étrangère, que l'on adore le pays dans lequel on se trouve et tout ce qu'on vient y faire. Ingrid n'est l'esclave de rien, de personne, et certainement pas de son image. Aussi peut-elle parfois sembler, de temps à autre, manquer de tact. Cependant, lorsqu'elle exprime de la sympathie et se montre chaleureuse, personne ne s'y trompe : c'est une vraie bonté qui ressort de son attitude.

À Cannes, bien qu'un peu fatiguée, elle s'efforce de remplir son rôle du mieux qu'elle peut, avec sérieux. Elle est de toutes les soirées, elle visionne les films avec la plus grande attention et tente de les juger de la manière la plus juste et la plus pragmatique. Lorsqu'on lui demande quels sont les critères selon lesquels elle appréciera ou non un long-métrage, elle répondra qu'elle le fera tout simplement selon sa *valeur*, et ce mot est à comprendre de la manière la plus simple qui soit : *Quand on sait que les gens doivent se déplacer pour aller au cinéma, parfois faire garder leurs enfants, il faut que cela en vaille la peine*[2]. Et l'idée de *valeur* est toujours liée pour elle à la quantité subjective d'émotion qui peut se dégager d'un film, qu'il soit comique ou dramatique.

C'est avec la même simplicité qu'elle échange ses premiers mots de vive voix avec le cinéaste Ingmar Bergman, de quelques années plus jeune qu'elle, et qui lui rappelle soudain son enfance suédoise. Le père d'Ingmar avait été pasteur non loin de chez la vieille tante pieuse d'Ingrid, Ellen.

---

2. *Idem.*

Cette rencontre la rend quelque peu nostalgique, et d'autant plus impatiente de jouer dans un film de ce réalisateur que celui-ci lui avait écrit une lettre, quelques années plus tôt, lui disant son désir de travailler avec elle.

Ingmar Bergman, n'ayant vu Ingrid jouer qu'une seule fois dans une pièce de théâtre, aurait eu à son égard des mots assez cruels. *Elle n'était pas très bonne, elle jouait comme un amateur enthousiaste*[3]. Cependant, le cinéaste avoue être subjugué par ce qu'elle dégage physiquement. *Quoi qu'elle fasse, je me souviens d'avoir toujours été fasciné par son visage. Son visage – la peau, les yeux, la bouche, surtout la bouche – possédait un rayonnement très particulier, un attrait érotique extraordinaire*[4]. Sa fascination pour elle n'est donc que sensuelle, à l'origine. Mais, bien vite, il se rendra compte que la beauté, chez elle, est encore la moindre de ses qualités.

Ingmar et Ingrid se promettent donc de travailler ensemble et repartent chacun de leur côté après la fin du festival. Ingmar, qui est venu présenter son film *Cris et chuchotements*, dont l'atmosphère suffocante a provoqué un malaise dans la salle de projection, repart sans récompense. Ingrid, elle, le quitte assez épuisée mais heureuse de retourner jouer au théâtre cette pièce de Somerset Maugham qui l'enthousiasme tant. Les répétitions se poursuivent et la première de la pièce est donnée à l'Albery Theatre, le 29 septembre 1973. Elle a le trac, fume un nombre incalculable de cigarettes avant d'entrer en scène. Mais ses craintes sont vaines, elle est acclamée par la foule. La pièce est un immense succès, elle se joue pendant huit mois et la salle est pleine chaque soir. Les rentrées d'argent sont impressionnantes et Ingrid, qui, grâce à un contrat très bien négocié, touche 12,5 %

---

3. Isabella ROSSELLINI, Lothar SCHIRMER, *Ingrid Bergman*, p. 498.
4. Ingrid BERGMAN, Alan BURGESS, *Ma vie*, p. 557.

des recettes brutes[5], s'enrichit alors considérablement. Elle se sent à l'aise dans ce rôle, ses partenaires sont attachants, elle est heureuse la plupart des jours.

Elle ressent pourtant, depuis quelque temps, une appréhension sourde, diffuse, assortie de quelques périodes d'abattement. Elle vient d'avoir cinquante-huit ans, l'âge qu'avait son père lorsqu'il est mort. Cette pensée la saisit parfois en pleine nuit et l'empêche de dormir.

Un événement, aussi, l'a marquée. Trois jours avant la première de la pièce, la grande actrice Anna Magnani, ancienne maîtresse de Roberto, est morte d'un cancer. Roberto lui a rendu visite tout au long de son agonie, il a été très attristé de sa disparition. Ingrid en a été affectée également. La mort de cette femme, actrice tout comme elle, et avec laquelle Roberto avait partagé sa vie, la bouleverse et l'attriste. Il y a quelques années déjà, elle a perdu ses grands amis Gary Cooper et Ernest Hemingway, et il ne se passe pas un jour sans qu'elle y pense.

La mort de la Magnani la rend sombre, elle se met à redouter la sienne, à en guetter les signes avant-coureurs. Un jour qu'elle lit le journal, elle tombe sur un article évoquant les premières manifestations du cancer du sein, et conseillant à chaque femme de se faire dépister. Alors qu'elle passe machinalement la main sur sa poitrine, elle sent une sorte de grosseur dans son sein gauche. Elle blêmit, comme si elle venait de trouver ce qu'elle redoutait depuis des mois. Comme toujours, elle téléphone à Lars. Celui-ci la presse de consulter un médecin au plus vite. Elle rend visite au docteur David Handley, un praticien très réputé, qui lui conseille de se soumettre à une biopsie, afin d'établir un diagnostic. Mais elle dit ne pas avoir le temps de le faire, étant trop occupée avec la pièce qu'elle ne peut en aucun

---

5. Donald SPOTO, *Ingrid Bergman*, p. 383.

cas abandonner en cours de route. Elle s'occupera de tout cela plus tard, elle a bien trop de choses à faire.

D'ailleurs, d'autres occupations vont bientôt s'ajouter à son emploi du temps déjà très chargé. Alors qu'elle se produit tous les soirs au théâtre en gardant ses journées libres afin de se reposer, elle reçoit une nouvelle proposition de film. Le réalisateur Sydney Lumet, à qui l'on doit notamment le magistral *Douze hommes en colère*, lui propose de jouer dans l'adaptation d'un roman d'Agatha Christie qu'il est en train de monter à Londres, *Le Crime de l'Orient-Express*.

Le casting réunit déjà un nombre impressionnant de vedettes, dont Lauren Bacall, Sean Connery, Jacqueline Bisset, Wendy Hiller et Anthony Perkins. La plupart de ces grands acteurs se produisent le soir au théâtre, et le tournage se fera donc dans la journée. La proposition est très tentante, la rétribution l'est tout autant. Ingrid se régale en lisant le scénario. Dans cette histoire que chacun à présent connaît, les rôles, mis à part peut-être le principal, celui du détective Hercule Poirot, sont à peu près d'importance équivalente. On propose tout d'abord à Ingrid de jouer celui de la vieille aristocrate russe, la princesse Dragomiroff. Mais elle ne veut pas jouer une grande dame. Elle insiste pour interpréter le rôle de la missionnaire suédoise, Greta Ohlsson, une vieille fille un peu balourde, à l'air penaud, rôle pour lequel elle a déjà une quantité d'idées. Et celles-ci font mouche immédiatement. À l'écran, le résultat en est délectable.

Dans la scène de départ du train, on peut voir la missionnaire suédoise, très austère et très gauche, se débattre parmi les marchands exotiques en tentant désespérément d'accéder à son wagon, lors des premières minutes du film. Ingrid est dans son rôle comme un poisson dans l'eau. On ne peut pas ne pas se demander si les traits de caractère de sa tante Ellen, très croyante et superstitieuse elle aussi, n'ont pas pu l'inspirer dans son interprétation.

La séquence durant laquelle le personnage de Greta apparaît le plus longuement est très courte et dure quatre minutes et demie. La missionnaire y est interrogée par le détective, comme le sont tous les passagers du train. Ingrid est incontestablement savoureuse dans ce personnage de femme terne, ratatinée, à l'accent suédois très prononcé, aux airs de chien battu, presque servile, osant à peine regarder en face Hercule Poirot et jetant des coups d'œil inquiets aux autres hommes présents dans la pièce.

Le tournage s'achève très vite et elle peut à nouveau se consacrer entièrement à son rôle au théâtre, jusqu'au mois de mai 1974. Ingrid approche à présent de ses cinquante-neuf ans. Son état de santé est douteux. Les médecins la pressent de se soumettre à des examens, mais elle repousse l'échéance chaque fois. Le 11 juin, c'est l'anniversaire de Lars et elle veut absolument lui faire une surprise, elle s'occupera de ses affaires de santé un autre jour. Alors que son médecin, exaspéré, cette fois, lui demande : *Qu'est-ce qui est le plus important, la soirée d'anniversaire de votre mari, ou votre vie ?* Elle répond du tac au tac : *L'anniversaire de mon mari, bien entendu*[6] !

Elle est définitivement inquiète, cependant, et fait procéder à une biopsie quelque temps plus tard à Londres. Celle-ci confirme aussitôt les plus grandes inquiétudes du médecin. Ingrid est atteinte d'un cancer et doit être opérée en urgence. Devant la gravité de la situation, elle reste pensive mais ne se trouve pas, en fin de compte, si abattue. *Je ne l'ai pas pris aussi mal que je le pensais*[7].

---

6. Donald SPOTO, *Ingrid Bergman*, p. 366.
7. *Ibid.*, p. 367.

À présent qu'elle a pu mettre un nom sur le mal qui la ronge, elle ne partage pas l'angoisse de Lars et de ses enfants, se laissant faire, sachant qu'elle se trouve entre les mains de spécialistes et qu'elle ne peut, de toute façon, contrôler elle-même la situation. Quelque chose comme une indifférence salvatrice s'est emparée d'elle, comme une armure d'insensibilité qui la protège dans les moments inquiétants et qui l'a, d'une certaine manière, toujours protégée.

Rien de ce qui va lui arriver, bien sûr, n'est plaisant. Le cancer s'est déjà considérablement développé. Devant l'importance de la tumeur, les médecins procèdent immédiatement à l'ablation de son sein gauche. Tout s'est fait très vite. Alors que le praticien lui annonce la mauvaise nouvelle, c'est avant tout pour lui qu'elle ressent de la peine. *Le médecin est arrivé. À son expression, j'ai tout de suite compris. Et j'ai eu pitié de lui – ça doit être un triste métier que d'annoncer à des femmes qu'on vient de les mutiler. Mais on se remet de ça aussi* [8].

Elle doit se reposer, tenter de s'habituer à ce corps qui n'est plus tout à fait le même, qu'elle pourra, de l'extérieur, camoufler, combler, dissimuler sous des étoffes, mais qui, dans la plus stricte intimité, aura quelque chose de difforme, d'effrayant, et qui l'empêchera longtemps d'oser se regarder dans un miroir.

À ces considérations esthétiques peu réjouissantes mais qu'elle semble accepter, il faut également ajouter la chimiothérapie qui doit suivre. Elle part se reposer deux semaines dans sa maison de Choisel, puis elle retourne à Londres pour suivre le traitement des rayons, accompagnée de ses filles, Isotta-Ingrid et Isabella. *J'avais très peur que ça me rende malade. On m'avait avertie que le traitement avait parfois des effets secondaires : qu'on se sentait terriblement fatigué, qu'on avait mal à l'estomac, qu'on était à ce*

---

8. Ingrid BERGMAN, Alan BURGESS, *Ma vie*, p. 536.

point déprimé qu'on perdait toute envie de vivre[9]. Mais, à mesure que les jours passent, Ingrid se rend compte que cela n'a sur elle pratiquement aucun effet secondaire. *Je n'étais ni vraiment malade ni fatiguée... J'avais juste peur... À partir de là, la vie est redevenue normale. Le matin, je faisais mes rayons, et le reste de la journée je vivais tout à fait normalement*[10].

Il lui faut environ deux mois de rééducation intense après le traitement, afin de retrouver l'usage de son bras qui est devenu tout ankylosé. Elle nage dans la piscine de Choisel et peut enfin retrouver une vie presque banale. Seuls ses médecins et sa famille connaissent l'existence de sa maladie.

Lorsqu'elle entame la tournée américaine de *L'Épouse fidèle* en janvier 1975, personne ne se doute de rien concernant son opération. Ingrid est en pleine forme et d'une humeur particulièrement réjouie. Sa tournée est une réussite, elle fait salle comble tous les soirs.

Comme toujours, elle sait se rattraper dans n'importe quelle situation. Un jour qu'elle fait une chute dans la rue et doit se faire plâtrer le pied, elle assure la représentation le soir même en chaise roulante, ce qui lui vaut un triomphe et un message du directeur général de la production de Londres : *Tu as mis le monde à ton pied*[11] *!* Le public lui donne chaque jour des marques appuyées de son admiration.

Alors qu'elle poursuit cette tournée, elle apprend qu'elle est nominée à l'Oscar de la meilleure actrice dans un second rôle pour *Le Crime de l'Orient-Express*. Elle doit par ailleurs se rendre à la cérémonie afin de recevoir une récompense au nom du réalisateur Jean Renoir qui est trop malade pour se déplacer aux États-Unis.

---

9. *Ibid.*, p. 537.
10. *Idem.*
11. Donald Spoto, *Ingrid Bergman*, p. 368.

Or, à sa grande surprise, c'est elle qui se voit décerner la statuette. Elle ne pensait en aucun cas la mériter pour une apparition aussi brève à l'écran. Son discours d'acceptation est mémorable.

Elle s'avance, légère, dans une robe colorée, vaporeuse, et parle avec cette élégance et cette pointe d'ironie qui la caractérisent. *Merci beaucoup. Assurément, c'est toujours très agréable de recevoir un Oscar.* La salle rit aux éclats. *Mais l'Oscar peut se montrer parfois ingrat ou tomber au mauvais moment.* Là, elle regrette que son amie Valentina Cortese n'ait pas eu de récompense, tant elle pense qu'elle en mérite une largement. Elle décide donc de partager l'Oscar avec son amie actrice, à qui elle fait de grands signes de la main. Puis elle regagne sa place. Elle est applaudie largement par la foule, alors qu'elle prononce cette dernière phrase : *Pardonne-moi, Valentina, je n'y suis pour rien*[12] !

Cette forme de spontanéité qui étonne tout le monde, mais aussi cette petite absence de diplomatie qui consiste à la fois à critiquer les choix de l'Académie et à s'abstenir de parler de toutes les autres actrices en compétition, disent de nouveau beaucoup de choses d'Ingrid. Incapable de malveillance, elle est également incapable d'aménité feinte, et parle avec l'éternelle indépendance qui est la sienne.

Elle rejoint sa place auprès de Lars qui l'a accompagnée à la cérémonie. Ils échangent des sourires. Ils sont toujours ensemble, d'après tous ceux qui les croisent, mais, s'ils restent bons amis et se voient très souvent, leur divorce sera prononcé quelques mois plus tard.

Elle a terminé sa tournée américaine, puis elle est repartie à Rome, pour tourner *Nina*, de Vincente Minnelli, film dans lequel la fille du réalisateur, Liza, fait ses débuts. Elle y interprète

---

12. *The Academy of Motion Picture Arts and Sciences*, Official Channel.

une vieille comtesse aigrie qui ne vit que dans les souvenirs de son passé triomphant. Elle retrouve son partenaire de longue date, Charles Boyer, qui vient de perdre son fils, s'apprête à perdre sa femme, anéantie par le chagrin, et n'a lui-même plus que quelques mois à vivre. Le tournage est un peu triste et peu exaltant.

Le film, qui a pour but, avant tout, de présenter au public la jeune Liza Minnelli, est empreint de certaines longueurs et de quelques incohérences. Le rôle de la vieille comtesse n'a franchement pas un intérêt bouleversant, mais Ingrid est très bien rétribuée pour son travail et elle a le plaisir de voir ses deux filles, Isotta-Ingrid et Isabella, faire leurs premiers pas au cinéma. Isotta-Ingrid se fait maquilleuse de plateau, tandis qu'Isabella interprète le petit rôle d'une religieuse et dit quelques répliques lors des dernières scènes du film.

Après avoir tourné *Nina*, Ingrid passe un peu de temps en Italie avec sa famille, revoit Roberto, et commence d'écrire son autobiographie avec l'aide d'un journaliste, Alan Burgess. Elle a par ailleurs renoué des relations d'amitié très fortes avec celui qui fut son inénarrable deuxième mari. Elle organise même une immense fête surprise pour son soixante-dixième anniversaire, le 8 mai 1976, à Rome, dans son restaurant préféré, avec toute sa famille et tous ses amis. Il est absolument ravi. Son fils Robertino se déguise en serveur pour le surprendre. Isabella lit un discours préparé par elle-même, sa mère et sa sœur, reprenant toutes les expressions et les manies caractéristiques de ce père si excessif et emporté qui, cette fois-ci, se met à pleurer de rire et d'émotion.

Ingrid repart une fois de plus pour sa maison de Choisel, mais elle s'y sent tout d'un coup infiniment triste, tant l'endroit est chargé de souvenirs. Alors que son divorce avec Lars a été prononcé, elle a appris que la jeune femme qu'il avait rencontrée il y a quelques années et dont il était tombé amoureux, Kristina, attend un enfant de lui. Il est vrai qu'elle n'a jamais voulu adopter et élever un cinquième enfant. Mais cette nouvelle de grossesse et de féminité triomphante lui fait de la peine, elle à qui l'on a enlevé la moitié de la poitrine et à qui l'on ne propose plus, la plupart du temps, que des rôles de vieilles chouettes acariâtres.

Au printemps 1977, elle veut s'échapper de cette maison dans laquelle la solitude n'a pas de sens. S'apitoyer sur son sort n'a jamais été son credo.

Elle fait ses valises, gagne la capitale. Elle prend une chambre à l'hôtel Raphael où elle avait habité avec Roberto et les enfants des années auparavant. Elle tente de s'abreuver du cadre, se promène, profite du grand salon de l'hôtel. Là, elle croise justement Roberto qui est de passage à Paris. Il trouve qu'elle a l'air triste. Il l'emmène dîner, lui dit des paroles encourageantes, la prend dans ses bras et l'embrasse tendrement. Puis il se rend au festival de Cannes où, à son tour, il a été choisi pour présider le jury.

Ingrid s'est quelque peu ressaisie. Elle a accepté une nouvelle proposition d'un metteur en scène britannique et commence de jouer au théâtre avec Wendy Hiller, qui a été sa partenaire dans *Le Crime de l'Orient-Express*, dans une pièce de 1951, *Waters of the Moon*. Elle s'est installée avec sa vieille amie, Ruth Roberts, dans le Hampshire, au sud de l'Angleterre. La campagne autour d'elle est paisible, elle apprécie le paysage, se promène, discute avec Ruth et prend régulièrement des nouvelles de ses enfants.

Mais, un après-midi, alors qu'elle pense se reposer avant de partir pour la représentation du soir, elle découvre un message près du téléphone lui indiquant de rappeler Rome en urgence. La nouvelle tombe comme un couperet. Roberto a succombé à une crise cardiaque.

La mort de cet ancien amour, croisé quelques semaines plus tôt, est un choc invraisemblable pour Ingrid qui a toujours eu une énorme affection pour cet homme avec lequel elle a sans doute vécu les moments les plus intenses de son existence. Elle aura soixante-deux ans dans quelques mois mais elle se sent une nouvelle fois orpheline. *J'étais dans un état affreux. Roberto avait occupé, et occupait toujours une part très importante de ma vie*[13].

Il lui faut cependant continuer son travail, honorer ses engagements. Elle remonte sur scène le soir même. Peu après les funérailles de Roberto, ses enfants la rejoignent en Angleterre. Mais cette foule de souvenirs qui l'assaille est trop douloureuse. Toutes les disputes hautes en couleur, les bons moments, les franches parties de rire partagées avec Roberto refont surface.

Il avait une présence si dense, une conviction si forte qu'il est impossible de penser que la mort a pu en venir à bout. Son caractère parfois pénible en a fait, paradoxalement, un être d'autant plus attachant qu'il avait su parfois se montrer invivable. Ingrid se souvient surtout de son incroyable générosité, de son humour et de son sens permanent de l'autodérision.

Enfin, le souvenir de la cruauté des journalistes à l'égard de Roberto se réveille alors que toute la presse semble à présent pleurer celui qui apparaît comme le maître incontesté du cinéma italien. *Je pleurais sur Roberto. Je pleurais sur la bêtise de la vie qui voulait que maintenant on salue comme des chefs-d'œuvre des films qui, à l'époque où ils avaient été faits, avaient rencontré tant de mépris et d'incompréhension*[14].

Cependant et, une fois encore, Ingrid n'a pas le temps de pleurer très longtemps. Elle est bientôt sollicitée par Ingmar Bergman qui s'est enfin décidé à tourner un film avec elle. Il va lui offrir un rôle dans une de ces histoires extrêmement

---

13. Ingrid BERGMAN, Alan BURGESS, *Ma vie*, p. 550.
14. *Ibid.*, p. 551.

difficiles dont il a le secret, *Sonate d'automne*. Ingrid interrompt sa tournée, fait ses valises. Elle a le temps de constater qu'une nouvelle grosseur suspecte s'est développée dans sa poitrine, d'en informer un médecin, mais elle n'a pas une ou deux semaines à perdre. Elle ne veut pas s'attarder sur sa santé à cet instant de sa vie. Le temps lui file entre les doigts, bon nombre de ses amis ont disparu. Il lui semble plus que jamais qu'il faut faire vite.

Elle doit gagner Stockholm puis Oslo pour rejoindre l'équipe de tournage. Elle a lu son texte, il lui plaît mais l'effraie déjà, et elle se demande combien de temps va durer ce film particulièrement difficile. *Quand j'ai reçu le scénario, j'ai eu un choc. Il était si épais que j'ai eu l'impression que le film durait six heures. Le sujet de l'histoire m'a tout de suite plu – pas la moindre hésitation là-dessus, mais il me semblait que c'était un peu trop*[15].

L'histoire de *Sonate d'automne* est celle de Charlotte, une célèbre pianiste qui a passé toute sa vie à se consacrer à son travail, et qui revoit sa fille au bout de plusieurs années. Celle-ci a dû se construire seule, sans sa mère, et s'est occupée sans aide de sa sœur atteinte d'une maladie dégénérative. Les retrouvailles sont empreintes de reproches et de disputes incessantes, laissant éclater la colère sans appel de la fille abandonnée , ainsi que la culpabilité insondable de la mère.

Avant d'attaquer le tournage proprement dit, Ingrid va d'abord rejoindre Ingmar sur son île de Farö, où il aime passer des vacances absolument seul. Alors qu'il va la chercher à l'aéroport, l'affrontement entre les deux vieux routiers du cinéma commence avec une violence non dissimulée.

Ingrid discute de tout, reprend chaque partie du texte, affirme que tel ou tel passage n'est absolument pas crédible. Pour Ingmar,

---

15. *Ibid.*, p. 555.

l'exaspération que ressent Ingrid quant à son rôle de mère indigne, qui a laissé ses enfants seuls durant sept ans, est révélatrice des nombreux points communs qu'il peut y avoir entre cette femme égocentrique, obsédée par son travail, et l'actrice elle-même. *Elle était particulièrement hostile aux passages qui lui ressemblaient le plus*[16].

Les mois de septembre et d'octobre 1977 sont particulièrement difficiles, Ingrid et Ingmar se disputant continuellement, tandis que la partenaire d'Ingrid, Liv Ullman, ressent au plus près les tensions entre ces deux personnes qui n'en finissent pas de se déchirer. Les colères de l'un et de l'autre sont explosives. Ingrid ne comprend pas le personnage, du moins elle ne comprend pas que son caractère égoïste atteigne ces extrémités. Comme toujours, elle tente de pénétrer les sentiments qu'elle doit restituer au regard de sa propre expérience. Mais elle ne peut y parvenir, cette fois-ci, tant les émotions et les dialogues sont durs et tranchants. Finalement, elle doit l'admettre : *Il y a beaucoup de moi dans* Sonate d'automne. *J'ai eu affreusement peur, le jour où Pia m'a annoncé qu'elle allait voir le film*[17]. On pourrait dire qu'il y a d'Ingrid, sans doute, dans le personnage de Charlotte, la partie la moins flatteuse d'elle-même, une sorte de double cauchemardesque totalement détaché de sa famille et obsédé par son travail. Il y a aussi quelque chose, probablement, de l'étrangeté de l'artiste qui est happée par son propre talent.

Dans l'un des derniers instants du film, Charlotte est prise d'une étrange nostalgie alors que son train passe devant des habitations que l'on aperçoit au loin. *Tu vois ce petit village ? Des maisons sont déjà éclairées. Chacun fait ce qu'il a à faire. On*

---

16. Donald Spoto, *Ingrid Bergman*, p. 380.
17. *Idem.*

prépare le dîner. Les enfants font leurs devoirs. Je me sens si exclue, j'ai toujours eu le mal du pays. Mais, une fois chez moi, je sens que j'aspire à autre chose [18].

La scène est bouleversante. Ingrid, filmée en très gros plan sous une lumière douce, y est particulièrement belle. Ses yeux brillent comme des topazes fumées. Il semblerait qu'à cet instant, le spectateur ait enfin la possibilité de comprendre un peu de ce personnage si antipathique qu'est Charlotte. Son sentiment d'être étrangère à son propre pays, au monde commun des familles unies, à ceux qui se contentent de vivre ensemble et de partager une vie sans dangers, sans ambitions, est sans appel et incontrôlable. Cette femme apparaît là comme étant d'une étoffe différente, d'une nature qu'elle ne comprend pas et dont elle n'est pas responsable.

Peu à peu, les rapports entre Ingrid et Ingmar se font de plus en plus affectueux, malgré leurs premiers éclats. La confiance réciproque est gagnée. Par ailleurs, et alors que la fin du tournage approche, Ingmar comprend qu'Ingrid est en grande partie à cran parce qu'elle est de nouveau malade. Une grosseur apparue à la naissance de son bras droit se développe dangereusement, et elle ne peut plus cacher son inquiétude.

Bientôt, une relation fusionnelle naît entre l'actrice et le réalisateur, puis avec toute l'équipe du film. Ingrid s'attache également de plus en plus à Liv Ullman, qui le lui rend bien. Celle-ci nourrit des sentiments très forts à l'égard d'Ingrid, qui devient une référence pour la jeune femme. *Je l'aime et je l'admire beaucoup,* dira-t-elle à son sujet. *J'ai l'impression que, si les femmes se battent, c'est pour pouvoir être comme elle : elle, sa libération, elle la vit, et elle la vit chaque jour. Et je crois que, si la lutte pour la libération des femmes m'a apporté quelque chose, c'est*

---

18. *Sonate d'automne*, Ingmar Bergman, 1978.

de pouvoir regarder une autre femme et d'être fière d'elle. J'aime Ingrid, et je suis fière que nous soyons du même sexe[19].

Le tournage doit pourtant être abrégé, Ingrid retourne à Londres et se fait examiner par le médecin qui constate que le cancer que l'on croyait guéri s'est en réalité déplacé du côté gauche au côté droit.

Elle est opérée, ne reste que trois jours à l'hôpital, mais elle doit recommencer la chimiothérapie. Le soir, elle reprend les représentations de *Waters of the Moon*, qu'elle avait interrompues pour tourner le film, comme si de rien n'était. Elle se produit à Brighton puis à Londres.

Elle vit des moments de grâce, durant lesquels elle se sent portée par le public. Un instant, alors qu'elle salue, elle ferme les yeux quelques secondes pour mieux entendre les applaudissements, tente d'en profiter du mieux qu'elle peut. *Nous avons eu un succès merveilleux et je me sentais parfaitement bien*[20]. Elle est de nouveau heureuse. Pour quelques semaines seulement.

Un jour qu'elle enfile un costume, elle sent encore une sorte de grosseur qui ne lui fait rien pressentir de bon. Elle décide d'attendre la fin des représentations. Celle-ci semble venir trop vite. *Mais le jour arrive où il faut s'en aller, il faut quitter sa loge... C'est un tel désespoir quand il faut s'en aller. Il faut s'arracher à des gens que l'on a appris à aimer, et l'on se dit : va-t-on jamais se revoir*[21] ?

Après la dernière, Ingrid souhaite regarder le décor être démonté, elle reste seule un instant. *Je me suis assise dans la salle déserte, au cinquième rang. Je regardais les lustres, les rideaux, les*

---

19. Ingrid BERGMAN, Alan BURGESS, *Ma vie*, p. 568.
20. *Ibid.*, p. 571.
21. *Idem.*

dorures, et j'avais le sentiment que peut-être c'était mon chant du cygne[22].

Elle finit par se rendre à l'hôpital. Le médecin est catégorique : il faut l'opérer d'urgence. Mais elle refuse. Elle prend d'abord quinze jours de vacances, afin de se reposer un peu de ces longs mois de travail sans interruption. Puis elle retourne se faire opérer. Il faut cette fois-ci procéder à l'ablation complète du sein droit.

Les mois qui suivent, elle ne joue pas. Elle subit des traitements sévères, aux effets secondaires extrêmement violents. Elle peut encore écrire, continue de travailler à son autobiographie qui paraît en 1980, et dont elle assure la promotion. Elle a soixante-cinq ans, son visage est rond, assez lisse, encore très lumineux, mais elle est très affaiblie. Elle a pratiquement perdu l'usage de son bras droit, devenu énorme, qu'elle traîne comme une poupée inutile.

Quelques mois plus tôt, elle a participé à la soirée d'hommage à Alfred Hitchcock, soirée durant laquelle elle a rassemblé les vieux films que son père Justus avait tournés lorsqu'elle était petite. Et elle a embrassé son vieil ami Alfred qui s'est éteint peu de temps après.

Elle pense de plus en plus à ses parents, elle a gardé leurs photographies toute sa vie. Elle sent que sa fin est proche, elle est tentée un instant de se tourner vers la religion. Elle décide de partir à Jérusalem avec sa cousine Britt, celle qui avait grandi avec elle chez son oncle Otto.

Ce voyage en terre inconnue sera déterminant, mais pour une raison peut-être moins mystique qu'artistique. Car Ingrid y rencontre Gene Corman qui lui propose de jouer le rôle principal de son prochain téléfilm, *Une femme nommée Golda*. Elle y

---

22. *Ibid.*, p. 572.

incarnerait Golda Meir, ministre du Travail dès 1949, ministre
des Affaires étrangères de 1956 à 1966, puis Premier ministre
de l'État d'Israël de 1969 à 1974.

Cette femme forte, très indépendante, qui s'est toujours
consacrée à sa carrière, plaît à Ingrid qui se trouve, malgré ses
différences physiques avec elle, un nombre impressionnant de
points communs. *Nous aimions toutes les deux nos enfants, mais
nous en avons été séparées périodiquement parce que nous refusions
qu'ils occupent la première place, avant notre travail. Cela nous a
valu un énorme sentiment de culpabilité à leur égard*[23].

Ingrid tourne un bout d'essai au printemps 1981, grimée
de manière étonnante. Ses sourcils noirs et ses cheveux très
sombres la font indiscutablement ressembler au personnage
qu'elle interprète.

Au mois de septembre, le tournage débute sous un soleil
de plomb. Ingrid, cependant, ne se plaint pas. Au contraire,
malgré ses souffrances devenues quotidiennes, elle revit. *C'est
merveilleux de travailler quand on est malade. Cela vous donne
de la force*[24].

Le tournage s'achève au bout de neuf semaines, durant
lesquelles Ingrid se renseigne auprès de tous les contemporains
de Golda Meir, sur l'histoire de son pays, sur ses habitudes et
sa façon de parler. Un des traits qui ressortent le mieux de la
personnalité de Golda chez elle est sans nul doute son humour
de tous les instants, cet air de dire que rien n'est grave et que
tout est léger car tout est absolument, infiniment, absurdement
tragique.

À la fin de l'année 1981, elle regagne le petit appartement de
Londres qui borde la Tamise et qu'elle a acheté afin d'être près

---

23. Donald Spoto, *Ingrid Bergman*, p. 394.
24. *Ibid.*, p. 395.

de l'hôpital. Elle se rend à la conférence de presse pour assurer la promotion du téléfilm. Elle en profite pour faire ses adieux au monde du spectacle. *Je m'en vais. Je ne reviendrai plus, ni au cinéma, ni au théâtre. J'en ai fini avec le métier de comédienne. Maintenant je vais voyager à travers le monde et jouer avec mes petits-enfants*[25]. Pia et Isotta-Ingrid lui ont donné trois petits-fils.

Elle passe Noël avec Lars et toute sa famille à Choisel.

Lors de la diffusion d'*Une Femme nommée Golda*, les critiques sont dithyrambiques, parlant alors de *l'ultime pierre précieuse sur la couronne dorée d'Ingrid Bergman*[26].

Le 18 juin 1982, elle se déplace à New York pour célébrer les trente ans de ses deux filles. Cependant, elle paraît très fatiguée. Elle rentre à Londres pour y demeurer la période estivale, le plus souvent sur la terrasse ensoleillée. Elle passe ses journées à lire, à regarder des albums photos et des coupures de presse qu'elle garde depuis plusieurs dizaines d'années. Toute l'histoire de sa carrière et de sa vie personnelle est conservée dans ces albums qu'elle revoit toujours avec plaisir. Elle a des photographies de tous ses enfants, mais aussi de ses trois maris. Seul Petter, qui a été vexé par la parution de son autobiographie, un texte qui a sans doute remué chez lui des blessures du passé, a toujours refusé de se lier d'amitié avec elle. Lui aussi a refait sa vie et a eu un enfant.

Ingrid est seule. Mais elle est envahie par les images du passé. Elle a toujours rêvé d'être une actrice. Elle a joué *dans sept pays, en cinq langues, dans quarante-six films, onze pièces de théâtre et cinq téléfilms*[27]. Elle a incarné le scandale et la sobriété, la sagesse et la folie, le feu sous la glace. Alors qu'approche la fin de l'été

25. *Ibid.*, p. 398.
26. *Ibid.*, p. 400.
27. *Ibid.*, p. 403.

1982, elle demande à Lars de l'emmener en Suède. Elle repasse devant la maison de son enfance et devant le théâtre Royal. Les enfants blonds ne la reconnaissent pas, ils jouent, profitent de leurs derniers jours de vacances. Elle-même profite de sa nouvelle tranquillité.

Puis elle revient à Londres, toujours accompagnée de Lars. Le 29 août, jour de son soixante-septième anniversaire, est un dimanche, comme l'avait été le jour de sa naissance. Le ciel est parfaitement dégagé. Elle téléphone à chacun de ses enfants, boit une coupe de champagne. Elle est heureuse. *J'ai tenu un an de plus*[28] *!* s'écrie-t-elle.

Elle a survécu bien plus longtemps que ne l'avaient prédit les médecins et ce jour de fête a été une bonne occasion de parler à tous ceux qu'elle aime. Espérer vivre encore un an, une semaine, une heure serait vain, sans doute. Et la boucle semble parfaitement bouclée.

Tous ses anciens partenaires ont disparu, elle ne jouera plus avec eux.

Le rideau peut tomber, un peu comme elle le décide. Même ce jour funeste aura eu un air d'achèvement et d'art, comme un pied de nez fait à la fatalité. Et il semble qu'Ingrid ait été libre d'écrire son histoire au point d'en avoir le dernier mot. *L'art dramatique a été toute ma vie... Et cette vie, il n'est jamais besoin d'y renoncer*[29].

---

28. *Ibid.*, p. 404.
29. Ingrid BERGMAN, Alan BURGESS, *Ma vie*, p. 575.

Remerciements

Merci à Caroline Noirot de sa confiance, ses précieux conseils et son attention. Merci à Vincent Valentin qui a permis cette collaboration, à Jean-François Bassinet ainsi qu'à toute l'équipe des Éditions Les Belles Lettres. Merci à Tatyana Augrand, Claire Fruchart, Laura Gaymard, Victoria Goachet et Laurène Zabary de l'université Panthéon-Assas qui ont largement contribué à me donner le temps nécessaire pour écrire ce livre. Merci à Michaël Prazan et Olivier Rubinstein qui m'ont donné, il y a quelques années, la chance d'être lue. Merci à Roland Guyot de ses enseignements sans pareils. Merci à Diane Lebel et Thomas Mondémé de m'avoir toujours proposé leur aide. Merci à Nicole, Thomas, Antoine, Magali, Odile, Monique, Jacques, Simonne, Charles, Marie, David, Corinne, Denis, Olga, Michel, Megumi, Élisabeth, René, Sarah, Amina, Alexis et Maxime de m'avoir donné à penser. J'ai aussi une tendre pensée pour André Allain qui vient de nous quitter à l'heure où j'écris ces lignes, je le remercie d'avoir heureusement fait partie de ma famille et de ma vie. Merci, enfin, à François Scolan de son soutien inestimable et à Hélène Baron Scolan d'être tout ce qu'elle est.